キウイフルーツの作業便利帳

末澤克彦・福田哲生＝著

農文協

まえがき

日本で栽培されるようになって二〇年から三〇年になるキウイは、ここにきて大きな転換期を迎えている。

たとえば、当初は樹勢が強すぎて制御に苦慮する園地が多かったが、樹齢を経るにしたがい落ち着き、あるいは低下して、最近では衰弱、枯死などする樹が増加している。こうした樹をどう立て直し、改植、更新していくか。本書では現在の技術ででき得る樹勢の維持対策を解説した。また、「ヘイワード」が唯一の経済栽培品種であった状況は、ニュージーランドで甘くジューシーな黄肉の品種が開発されたことにより、多様化に向かいつつある。私たちの試験場でもさまざまな新品種を開発している。酸っぱい果実で料理の彩り用という感さえあったかつてのキウイは、近年は甘い果実としての認識が広まりつつある。

さらに追熟が必要というキウイの特徴をふまえ、主産地ではエチレン処理による追熟果実の出荷が増え、食べ頃果実が供給されつつある。とくにニュージーランド産の果実は、安定的な供給と確実な品質管理で高い商品性を維持しており、国内のキウイ果実のスタンダードとして広く消費者に認知されるようになっている。そうした果物としての大きな位置づけの変化を、われわれ生産者ははっきりと意識する必要がある。

しかし現実にはまだまだ樹勢の制御、品質管理が不十分で、酸っぱく、食味の劣る旧来のキウイづくりから抜け出していない産地もある。また、最近の黄色系の果肉の品種は緑肉系の品種にくらべると、ストレスに対する抵抗力や貯蔵方法、収穫適期などかなり異なった特徴があるということをつかみきれず、不適切な管理でみすみす新品種の魅力をそいでしまっている例も少なくない。
本書では新しいキウイ品種の特徴を解説するとともに、その特徴をつかんだ栽培管理のポイントを説明した。また糖度を重視した品質管理技術や貯蔵性を高める生産技術についてポイントを紹介し、解説した。作業上陥りやすい失敗やミスについては具体的な失敗事例を想定して、それを回避するすべを盛り込んだ。それらの技術は、キウイ生産農家だけでなく、家庭果樹としてキウイを楽しむ園芸愛好家にも役立つものと思う。

キウイは果樹の中でも価格が比較的安定している。このキウイをしっかりつくりこなすことにより、きびしさを増す果樹経営改善の一助となれば幸いである。
この本を執筆するにあたり、筆者が勤務する香川農試府中分場の試験成績を数多く引用した。また先輩諸氏や農家、関係機関の方々には多くの指導と助言をいただいた。農文協編集部には出版まで種々お世話になった。記して感謝申し上げる。

二〇〇八年八月

著者を代表して　末澤克彦

目次

第2章 休眠期の作業

第3章 発芽から開花・結実期の作業

第4章 果実肥大成熟期の作業

第5章　収穫、追熟、貯蔵

第6章 開園、新植、改植、更新

第7章　土壌改良と土つくり、施肥

■キウイフルーツの1年の生育とおもな管理作業

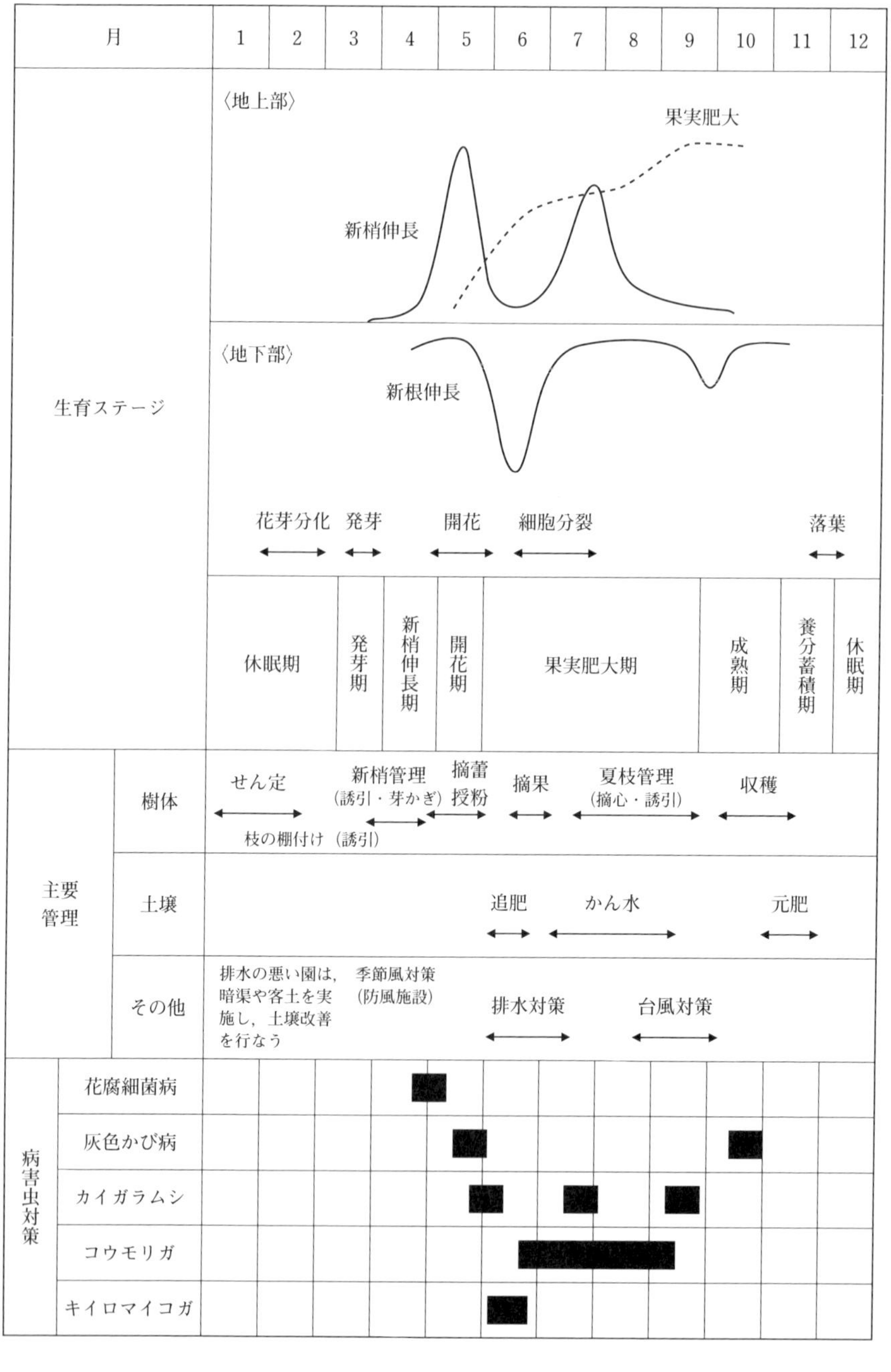

序 国産キウイ、その弱みと強み
――新しいキウイマーケットをつくるために知っておきたいこと

1 キウイデビューのいきさつ

●ミカン園転とキウイブーム

昭和三十六年に農業基本法が制定され、日本の果樹産業（おもにウンシュウミカン）は選択的拡大のかけ声とともに大幅な増産が図られた。国民所得の伸びに伴い、欧米並みの食生活、とくに果実、肉、牛乳などの消費が大きく伸びるという予測が背景にあった。

しかし、カンキツの消費は予測ほど伸びず、昭和四十年代半ばには供給過剰が顕在化して、市場価格は暴落。カンキツ農家の経営は急速に悪化していった。

この対策として、カンキツ園地をほかの果樹やニーズの高い品種などに転換する園地転換事業が実施された。一方で水稲の生産調整も行なわれ、転換作物もいろいろ模索されていた。そうした中で注目されたのがキウイフルーツだ。

日照条件が悪いとか、乾燥しにくい園地をなんとかしたいと思っていたカンキツ農家や、水田で高収益が得られる転換作物を探していた稲作農家などのニーズと、年間を通じて水分供給を必要とするキウイフルーツの特性とがみごとにマッチした。

カンキツ栽培との労働競合もそれほどなく、また当時は珍果ということで一個一〇〇円の販売価格が喧伝されるなどして、昭和五十年代半ばから六十年代初頭に急速に増殖が進み、まさにキウイブームとなった。

●見込み違いと価格の低迷

その頃は、「虫も病気もなく、肥料も不要。ただ植えるだけで高収入が得られる……」といわれて、キウイ栽培に飛びついた人も多かった。

実際、中国原産のこの果樹は野性的

世の中，そんなにうまい話はなかった……

で、モンスーン気候に適していて雨にも強い。当初は特別な病虫害は発生しなかったし、知られてもいなかった。ところが、昭和五十年代の中頃に原因不明の病気が発生し始めた。いまでは、「キウイ果実軟腐病」として広く知られている病気だが、当時はカメムシの吸汁被害ではないか？　とも疑われた。そのほかにも、「かいよう病」「花腐細菌病」「キイロマイコガ」「ネコブセンチュウ」「キウイヒメヨコバイ」などが次々に発生し、野性的と思われたキウイにも実はさまざまな病害虫がつくことがわかった。

そして昭和六十二年、それまで順調に販売を拡大していたニュージーランド産キウイが、この年価格低下を理由に日本向けの輸出をヨーロッパへふり分けるなど、右肩上がりだった消費も転換点を迎えた。

虫はつく。病気にはなる。受粉や

夏枝管理に手間はかかる。台風にもやられる。それで価格は低下傾向。「世の中、そんなにうまい話はなかった……」というのが、ブームに便乗した農家の平成初頭の実感？　だった。

2　キウイの本当の適地はどこか

●ミカンの不適地はキウイの適地だった？

ミカンの過剰対策として、その不適地にキウイが植栽される例は多かった。ミカンの適地は温暖で南向きか西向きの畑、土壌は浅く、乾燥しやすい傾斜地である。その反対というわけだからキウイは乾燥しにくい北向きの園地に植栽されたことになる。キウイの樹は、乾燥（水ストレス）に弱く、強風に弱い。乾燥しにくい北向きという条件は、キウイの初期生育には好適だったかもしれない。また当時はキウイにそれほど高い品質も求められなていなかった。ミカンの不適地でも、一定の品質のキウイ果実は十分に生産ができた。しかし、栽培が続くにつれ、生産量が増えるにつれて問題が発生した。

●不良園地が自然淘汰

湿度が高い環境は、キウイにかいよう病、花腐細菌病、貯蔵病害などを多発させ、生産上の大きなリスクとなってきたからだ。また、平成に入ってから、キウイ産業は価格の低下を、量の確保より品質の向上に大きく舵をきることで乗り切りを図った。糖度の高さや食味のよさが求められ、高品質化が生き残りの条件となった。

平成になってからの約一〇年間は、かいよう病や花腐細菌病の多発園地や、日あたりや水はけが悪く糖度が上がりにくい園地、果実軟腐病が発生しやすい園地、水田転換園などが徐々に淘汰され、栽培面積は減少した。その結果、比較的適地が残り、キウイの果実品質も徐々に平準化されていった。

●台風が一番こわい

また単なる偶然だろうが、キウイの産地化が急速に進んだ昭和五十年代から六十年代は台風の上陸個数が少なかった。ところがキウイブームの熱が冷め、産地の適地適作が冷静に判断されるようになってから上陸個数が増え、被害が続出した。

キウイ、とくにヘイワードなど主力品種は葉がもろく、強風で容易に引きちぎられる。台風が上陸する秋の落葉被害は、その年の品質低下だけでなく、翌年の花芽形成にも影響する。台風の被害を受けにくい地域、立地条件は、キウイの適地を決める最重要条件である。

●第一世代の経験をもとに適地を選ぶ

ミカンの不適地＝キウイの適地であるわけはなく、不適地は淘汰されて、結局適地が残った。しかし、残ったそうした園地も昭和五十年代後半のブームに乗って植栽した樹は、いま老木になりつつある。これからキウイは改植が焦眉の対策となる。第一世代のキウイ樹で培った適地を判断する目が、産地維持には重要になる（表序―1）。

表序－1　国産キウイの産地化の発展段階

段階	農業経営上の位置づけ
ホップ（導入） 導入初期～昭和60年代	水田やミカンの転換作物，不適地対策。キウイであれば高価格（品質不問）
ステップ（定着） 平成初頭～現在	不適地，低品質園の淘汰，品質に応じた価格，高い技術をもつ農家の経営拡大
ジャンプ（発展） これから	キウイの適地生産推進，新品種・高品質果実による市場拡大，キウイ専業農家の出現

3 きちんとした適熟果供給システムづくりを

●キウイは酸っぱいもの？

キウイはバナナなどと同じく、追熟しなければ食べられない。しかし、国産果実を誰がどこで追熟するかはケースバイケースとなっている。

「もっともロスがない場所で追熟されるべき」として、流通川下は未追熟の果実の出荷を要請することが多かった。生産側は市場の要請だからと硬いままで出荷、市場や仲卸で貯蔵され、注文に応じてエチレンガスを処理して販売されてきた。

しかし果実の追熟のしやすさは、産地や園地、農家が違うと大きく異なり、追熟を揃えるのは難しい。これまでは流通関係者が対応してきたが、硬すぎたり軟らかすぎたりと食味が犠牲にされてきた。

主力品種「ヘイワード」の食味の特性もあるが、キウイがさまざまなアンケートで「酸っぱい」といわれ、嫌いな果物ランキングの上位に位置することが多いのは、この追熟問題を解決しないできた結果である。

●感動ランキング一位の甘いキウイ

一方、酸味の少ない食べ頃キウイ（＝追熟果実）を提供するゼスプリ（ニュージーランドキウイ生産販売協会）の「ゴールド種」を食べた消費者は、感動した果物ランキングの上位に投票

上手に追熟したキウイは甘くておいしい

した。最近の農業新聞の調査でも、女性、若者を中心に売れ筋ランキングの上位に黄色いキウイが上がっていた。

著者の経験でも、上手に追熟した「香緑」や「さぬきゴールド」を給食で食べた児童は、ほぼ全員がおいしいと感嘆の声を上げていた。

●つくり半分、追熟半分

現在は多くの産地でエチレン処理施設を整備し、キウイは追熟果実の流通が主流になっている。また、果実品質の非破壊評価技術が開発され、選果機による全果調査も可能となり、品質の高低による区分出荷やブランド区分もなされている。しかし、問題はまだある。

たとえば、国産キウイの店頭での品質保持はニュージーランド産より不安定で、産地ごとにかなりバラツキがある。近年販売が増えているヘイワード以外の国産キウイは日もちが悪く、事故も多い。店頭で事故をおこさず、かつ食べ頃の果実を消費者に届ける日本独自の貯蔵、追熟のシステムは、まだ確立していない。

キウイのおいしさは品種の特性もあるが、適熟の果実を届けることも同じだけの重要性をもっている。

「つくり（栽培）半分、追熟（適熟果供給システム）半分」の意識をもてるかどうか。国産キウイが消費者の支持を得られるかどうかはこの点にかかっている。

4 〝ニュージーランド標準〟の活かし方

●国際流通商品キウイ

キウイフルーツの主力品種は当初から「ヘイワード」だが、この品種は、大玉で貯蔵力抜群なことが特徴である。適切に貯蔵すれば収穫して半年は果実品質は十分にもつ。そこで、ニュージーランド（以下、NZとも）などではヘイワードを貯蔵して計画出荷し、半年間も日本など北半球の市場に供給している。受け入れ側の日本や北米、ヨーロッパ諸国は残りの半年間を自国かほかの北半球産のキウイでまかなうことで、周年供給体制を可能にしている。

キウイは南半球からの供給と自国での生産とが補い合う国際流通商品という特徴があり、日本にキウイフルーツの果実が紹介されて以来、NZ産と国産とが季節で棲み分け、発展してきた。

●NZ産にリードされる国内キウイ

国内小売業者は、NZが開拓した市場を端境期に国産でまかなうことで、販売スペースを周年確保するとともに、販売促進などマーケティング業務もNZに頼ることができた。国産のキウイは当初から輸入果実の先導のもとで発展してきた。この光と影が平成時代に入ってから、顕在化してくる。

NZ産の品質水準が、厳選出荷と技術向上により安定し、この水準が国産果実にも求められるようになった。しかし、国産キウイは依然としてロット不足、品質のバラツキや貯蔵力不足などの問題を解決できず、平成二年には大雨の被害で糖度が低下し、価格も暴落した。昭和五十六年に八二六円だった一kgあたり単価が、この年は一八六円にまで落ち込んだのである（京浜市場）。国産キウイの栽培面積はこの翌年から減少を始めた（図序—1）。

それを、ふたたび引き上げたのがニュージーランドのキウイだった。ゼス

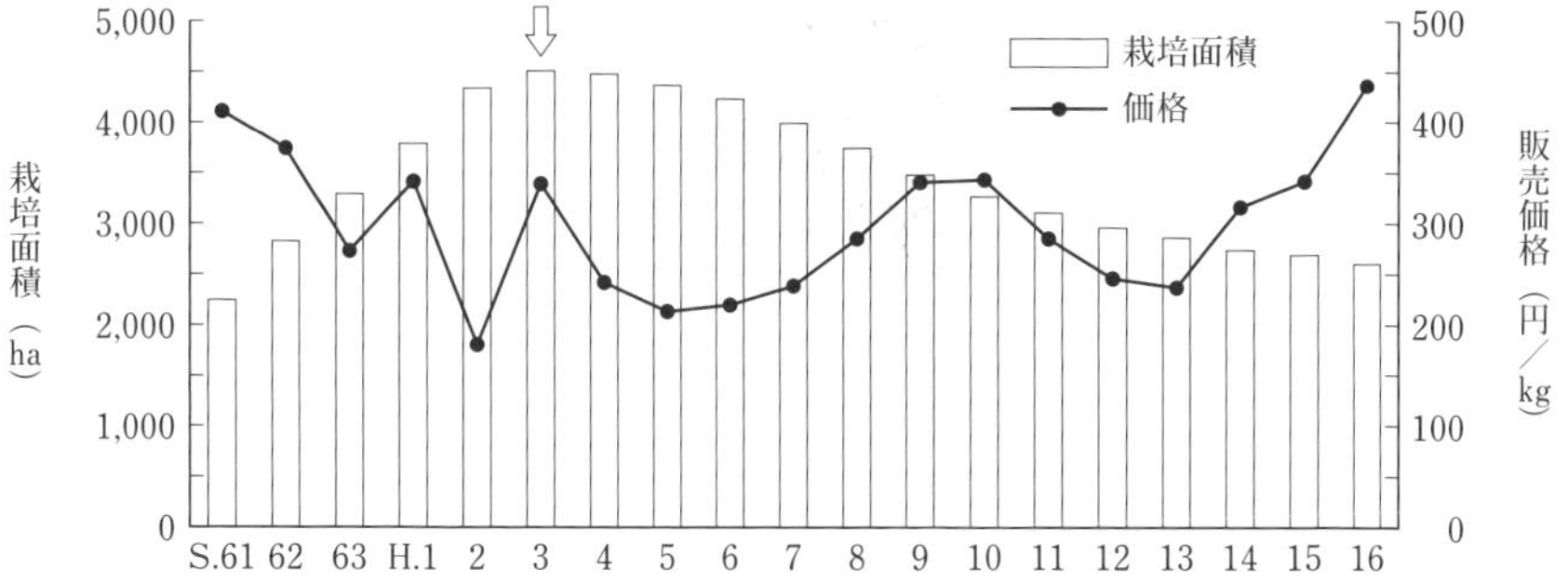

図序－1　キウイフルーツの栽培面積と価格の年次別推移

（日園連果樹統計による）

注）平成3年は，台風被害による出荷の大幅減少で価格が高騰したが，この年から面積は減少に転じた

プリブランドによる価格維持政策と食べ頃果実供給システムの定着に引っぱられる格好で、国産キウイの単価も徐々に？　もち直したのだが、これはわれわれの実力ではなかった。

写真序―1　ゼスプリのゴールドキウイが新たな市場を開拓

（写真提供：ゼスプリインターナショナル）

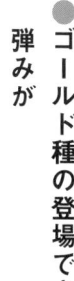

●ゴールド種の登場でさらに弾みが

平成十四年頃からは、NZ産のゴールド種（品種名ホート16A、商品名「ゼスプリ・ゴールド」）が投入され、市場はさらに弾みがついた。NZは周年供給体制を構築すべく、日本国内で委託生産を開始（平成十五年）し、現在はこの果実もふくめて十二カ月マーケティングを有利に展開している。

NZ産キウイは商品開発、流通システム構築、価格維持政策だけでなく、若者に人気のある俳優を用いたテレビコマーシャルの放映や、ロードショーと呼ぶ店頭での販売促進対策も組

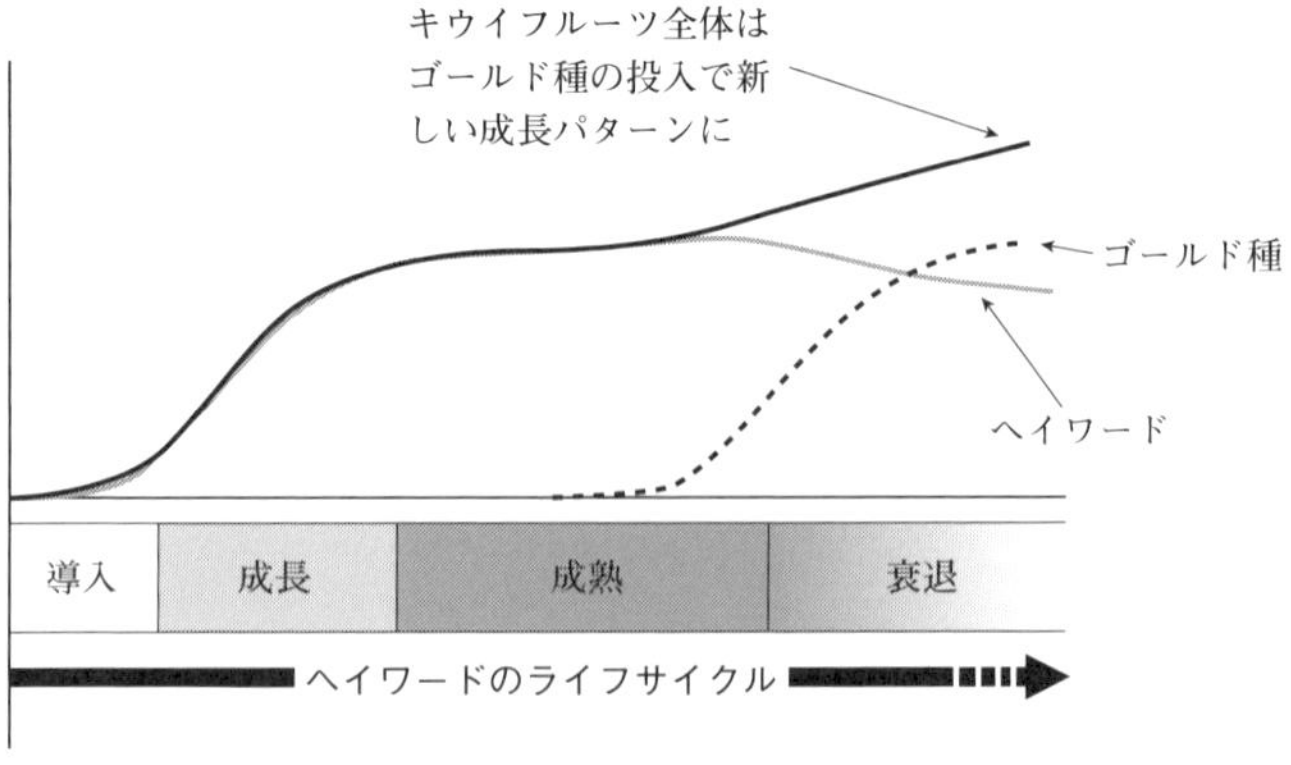

図序ー2　キウイフルーツの製品ライフサイクルと市場拡大

み合わせ、日本のキウイ市場を開発している（写真序—1）。商品の栄枯盛衰（プロダクツライフサイクル）から見ると、「ヘイワード」だけでは飽きられて成熟から衰退を始めたキウイマーケットが、ゴールド種の投入で再度成長パターンに乗ったのではないかと思っている（図序—2）。

緑一色から黄色や赤のキウイも

キウイ品種は、確実に多様化への道を歩み始めている。緑色の果実一色、それもヘイワードという品種ひとつしか選択の余地がなかったキウイ産業は、黄色い果肉の品種や赤い果肉の品種選択が可能となり、新たな段階に入ってきている。しかし品種の多様化はよいが、解決しなければならない課題もある。

たとえば、緑色の品種と黄色の品種、赤肉の品種は同じキウイではない。ブドウでいえば、デラウエアなど米国系ブドウとマスカットなど欧州系ブドウは同じブドウでも栽培の仕方がかなり違うように、緑色系品種と黄色系品種は、樹勢、受粉方法、花粉親の選び方、病害抵抗性、収穫適期の判断や貯蔵方法などかなり異なる。そもそもこの二つは同じマタタビ科でも別種の植物なのである。しかしこのことを知っている生産者はどれくらいいるだろう？

加えて、栽培の先進国のニュージーランドではあまり問題になっていないことが、土壌や気象条件が異なる日本では大きな課題となっている事例もある。

品種の多様化、とくにゴールド種の投入は、キウイマーケットをふたたび成長パターンに乗せる立役者とも目されるが、それだけにそれをきちんとつくりこなす技術が求められる。

品種個性を生かしきる技術をもつ

今後、国産のキウイ産業はどこに向

表序－2　果樹の品種と技術の歩み

樹種	ブドウ	リンゴ	ウンシュウミカン	キウイフルーツ
導入のきっかけ	明治政府による優良系統の導入	明治政府による優良系統の導入	紀州ミカン（小みかん）江戸時代	昭和50年代後半にヘイワードが導入
産業化	デラウエア，キャンベルアーリー，マスカット。ジベレリンによる無核化技術（昭和33年～）	大正～昭和30年頃まで国光，紅玉など導入品種中心の増産体制 袋かけ技術	ウンシュウミカンの評価と早生，極早生の発見	整枝せん定は，平棚一文字仕立て　主力品種ヘイワード 追熟果実の流通 ホート16Aの販売開始
日本独自の発展段階	巨峰，ピオーネなどの開発と短梢せん定，施設栽培技術で高品質化	ふじの開発（昭和37年）と旧品種の価格暴落（昭和43年） わい化栽培技術の開発	高糖系ウンシュウミカンの発見，温室栽培技術，マルチ栽培技術，交互結実や後期摘果技術（昭和50年代以降）	日本のキウイ生産者のチャレンジで新しい段階へ

かえばいいか？　ニュージーランドの戦略的マーケティングにもとづいた市場拡大にいままでのようにおんぶに抱っこでよいだろうか？

多くのキウイの産地，生産者は，キウイを補完的作物として位置づけ，カンキツなど主作物の危険分散や作業分散として栽培している。キウイはこのままずっと果樹経営の脇役であり続けるのか？

日本の果物の導入と発展の歴史を考えるとひとつの方向性が見えてくる。

明治初期に国が外国から導入したリンゴやブドウ，モモなどさまざまな品種は，日本の気象や消費ニーズに適さず，苦労の連続であった。しかし，「ふじ」や「巨峰」，「白鳳」など日本独自の品種が開発され，さらにこれらをつくりこなす技術が開発されるに伴い，市場や産業は大きく発展してきた（表序―2）。

個性的な品種の開発と，その品種の個性を生かしきる栽培技術をもった挑戦的な生産者の努力が，市場を開拓してきたという歴史がある。

キウイのばあい，現状ではまだ個性的な品種と，それをつくりこなす栽培技術の開発を見るに至っていない。しかしいくつかの「芽ばえ」がある。本書ではその「芽ばえ」の技術，新しい技術情報なども交えながら，キウイフルーツを日本の果樹として定着させていくための栽培のポイントを紹介していく。

（末澤克彦）

第1章 品種の特性と栽培のポイント

序章でふれたように、日本では一九九〇年代まで、ヘイワードなど果肉が緑色の品種が市場流通のほとんどを占めていた。しかし、二〇〇〇年代に入ると、ゴールド種の成功により、黄肉色のキウイフルーツが増え、全体の約四〇%のシェアを占める勢いとなっている。また、近年では、レインボーレッドに代表される赤色果肉のキウイも登場し始め、品種が多様化してきた。

そうした中で中国から同名異種、あるいは異名同種のキウイが導入されて混在し、誤解を招くものも多い。またこれまでヘイワード主体でやってきた栽培管理も黄肉色キウイの登場で違った対応が求められるなど、さまざまな課題も出てきている。

ここではおもなキウイ品種について整理するとともに、経営への取り入れ方や取り入れる際の注意点をまとめておこう。

1 マタタビ科マタタビ属

キウイフルーツが属するマタタビ科マタタビ属（*Actinidia*）の植物は東アジアを中心に約四〇種分布しており、日本にはサルナシ（*A. arguta*）、マタタビ（*A. polygama*）、シマサルナシ（*A. rufa*）、ミヤママタタビ（*A. kolomikta*）の四種が自生している（表1―1）。日本の試験研究機関や民間育種では、これらマタタビ属植物の

表1－1　マタタビ属の分類

属	種	和名
マタタビ属 (*Actinidia*)	*deliciosa* 種	キウイフルーツ
	chinensis 種	キウイフルーツ
	arguta 種	サルナシ
	polygama 種	マタタビ
	rufa 種	シマサルナシ
	kolomikta 種	ミヤママタタビ
	その他40種	―

品種を収集・保存し、交雑による新品種の開発を進めている。

当のキウイフルーツには、*deliciosa* 種と *chinensis* 種の二種がある。

deliciosa 種は、中国南西部の揚子江上流域が原産とされ、野生種がその後ニュージーランドで改良・育成された品種が多い（図1—1）。代表的な品種は、「ヘイワード」「ブルーノ」「アボット」「モンティ」「グレーシー」「香緑」などがある。

chinensis 種は、中国の南東部が原産とされ、「盧山香」（ゴールデンキング）、「金豊」（ゴールデンイエロー）、「魁蜜」（アップルキウイ）などの品種がある。最近、ニュージーランドで開発された「ホート16A」（ゼスプリ・ゴールド）や果肉の一部が赤い「レインボーレッド」もこの種である。

以上の二つの種は、染色体数や倍数性、また開花期や成熟期、果肉色や毛じの密度といった点で大きな違いが見られる（表1—2）。本書では、二種をわかりやすいように果肉色で分け、果肉が緑色の *deliciosa* 種は「緑色系キウイ品種」、果肉が黄色もしくは赤色の *chinensis* 種は「黄色系キウイ品種」とする（表1—3）。

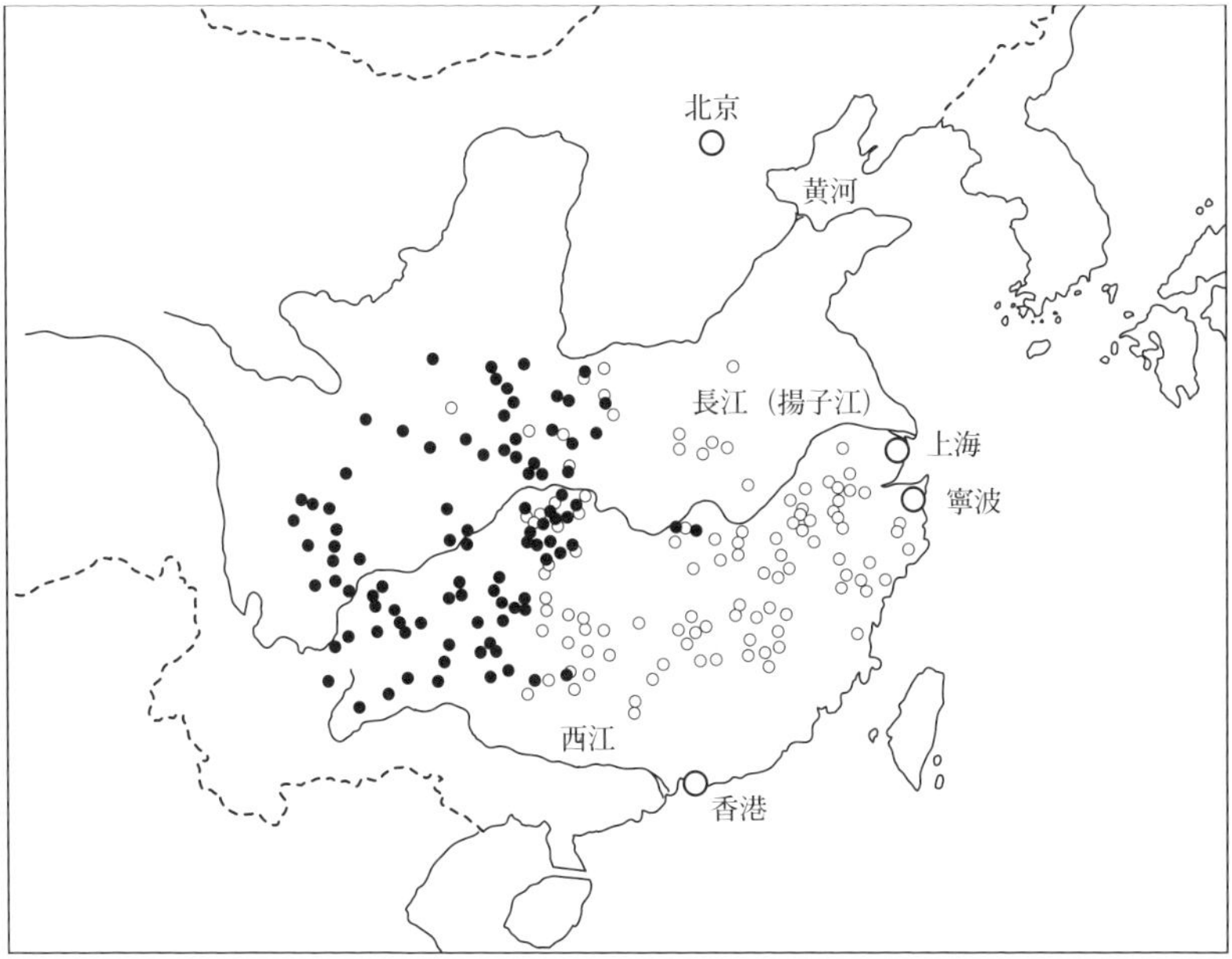

図1—1　キウイフルーツの分布図（● *A.deliciosa*，○ *A.chinensis*）
（Kiwifruit Science and Management より）

2 第一世代品種

●世界標準の「ヘイワード」

①生産・流通面での最安定品種

キウイフルーツといえばヘイワードであり、「キウイ＝緑色」のイメージを彷彿させる象徴的な品種となっている（写真1−1）。一九二〇年代にニュージーランドのヘイワード・R・ライト氏によって偶発実生の中から選抜され、一九三〇年代初期に命名された。

この品種は、世界的に広く栽培され、イタリアやニュージーランドなどキウイ主産国の全生産量の大半を占めている。ヘイワードがキウイフルーツのスタンダード品種になっている理由は、①大果で安定した収量、②容易な栽培性、③優れた貯蔵性など、生産・流通面でもっとも安定していることが考えられる。

表1−2　*deliciosa*種と*chinensis*種の主要形質の違い

	形質	*deliciosa*種	*chinensis*種
生理特性	染色体数 倍数性	174 6	58または116 2または4
栽培特性	開花期 成熟期 追熟の難易 貯蔵性	晩 晩 難 中〜長	早 早 易 短〜中
果実特性	果肉色 毛じの密度 毛じの長さ 毛じの硬さ 酸味	緑色 密 長 硬 高	黄，赤色 粗 短 軟 低

表1−3　キウイフルーツの品種と分類

種	果肉色	本書での呼称	品種
*deliciosa*種	緑	緑色系キウイ品種	ヘイワード，ブルーノ，アボット，モンティ，グレーシー，香緑など
*chinensis*種	黄，赤	黄色系キウイ品種	廬山香（ゴールデンキング），魁蜜（アップルキウイ），ホート16A，さぬきゴールド，レインボーレッドなど

写真1−1　「ヘイワード」の結実状況

果実は一〇〇gから大きいもので一五〇g、果形は広楕円形で扁平なものが多い。果皮は緑褐色である。毛じの密度は密で軟らかく、脱落しにくい。果肉色は緑色である。糖度は一三～一四%程度で、爽やかな酸味が特徴である。追熟の難易は難であり、常温で三～四週間要する。貯蔵性はとくに優れており、半年以上の長期貯蔵も十分可能である。

栽培しやすい品種であるが、花腐細菌病に弱いので注意が必要である。香川県での開花期は五月二十日頃、成熟期は十一月十日頃である（表1―4）。

②今後のヘイワードの活かし方

数少ないキウイの品種の中で、栽培性や貯蔵性などで評価され代表的な品種になってきたヘイワードは、果実が大きいものの、糖度がやや低く酸が高くて、食味は絶品というわけにはいかなかった。これまでは「キウイ＝酸っぱい」というイメージも消費者にもたれながらも、それなりに販売はできてきた。しかし、ゴールドキウイの登場でキウイに甘さが求められ、また品種も多様化するなかで、ヘイワードの今後は大きく二つに分かれると見ている。

一つは淘汰品種。モモで「大久保」が淘汰され「あかつき」に更新されたように、今後、黄色系キウイなどへ切り替わっていく淘汰品種となる可能性は否定できない。どんな園芸品種もたどってきた歴史であり、一定の役割は果たし終えたと考えるのも、やむを得ない。

もう一つは、省力栽培品種としての位置づけだ。ヘイワードは栽培が容易なので、多品種を組み合わせた経営では強力な武器となる。

また、ヘイワードを利用した新たな加工商材が開発されれば、重要な加工品種にもなり得る。キウイフルーツは、ミカンやバナナなど果樹の中では、加工品が少ないため、可能性があると考える。

●国産の甘いキウイ「香緑」

俵型で、糖度が高く多汁であり、濃緑の果肉と濃厚な食味を有する（写真1―2）。とくに、糖度一六%以上の果実は「スイート16」という商品名で、ブランド化されている。酸味を多く感じるヘイワードにくらべ、濃厚な甘さが特徴であることから、ギフト需要に応える「甘い果物」としての販売が展開されている（写真1―3）。

香川県農業試験場府中分場で「ヘイワード」の自然交雑実生から選抜育成された品種で、一九八七年に品種登録された。

果実の大きさは一〇〇g程度、果形

現在の主要品種の果実特性　　（香川県農業試験場府中分場，2006）

果皮色	果形	毛じの密度	果肉色	糖度（％）	酸度（％）	追熟の難易	貯蔵性
緑褐	広楕円	密	緑	13.9	0.41	難	長
褐	長楕円	極密	緑	14.3	0.42	中	中
褐	長台形	密	緑	15.1	0.42	中	中
褐	楕円	密	緑	16.8	0.35	難	中
褐	楕円	密	濃緑	14.7	0.40	難	中
褐	円筒	極密	濃緑	16.8	0.28	中	中
褐	長楕円	粗	黄緑	17.6	0.28	難	長
明褐	短台	中	黄	14.7	0.44	易	短
暗褐	楕円	無～極粗	濃黄	12.7	0.74	中	中
褐	球	無～極粗	黄緑	16.6	0.59	易	短
褐	釣鐘	無～極粗	黄	15.5	0.54	易	短
黄褐	楕円	無～極粗	黄	16.3	0.38	中	中
褐	短台	粗	濃黄	17.7	0.37	易	短
褐	短楕円	無～極粗	濃緑	19.2	0.84	易	中
緑	紡錘	無～極粗	濃緑	19.0	1.04	易	短
緑	倒卵	無～極粗	濃緑	21.1	1.08	易	短

は円筒形である。果皮は褐色である。表面の毛じは極密で長く、脱落しやすい。果肉は鮮やかな濃緑色で、独特の香気がある。糖度は一五～一七％と高く、酸味は少ないため、食味はよい。追熟には常温で二～三週間要する。貯蔵性は、ヘイワードより短く、三～四カ月程度である。果実軟腐病の抵抗性は弱い。

ほとんどの花穂に側花が着生するので、開花前の摘蕾作業の徹底が必要である。発芽期、開花期および成熟期は、いずれもヘイワードよりやや早い。樹勢が強く、枝が徒長しやすいため、栽

写真１－２　濃厚な甘さが特徴の「香緑」

写真１－３　「香緑」はギフト需要も高い

表1－4　キウイフルーツ育成品種と

樹種	品種名	樹勢	発芽日（月/日）	開花日（月/日）	成熟日（月/日）	果実重（g）
キウイフルーツ	ヘイワード	中	3/30	5/19	11/8	114.0
	ブルーノ	やや強	3/27	5/18	11/4	111.1
	モンティ	やや強	3/28	5/17	11/4	108.1
	アボット	中	3/30	5/17	11/4	110.1
	グレーシー	やや強	3/29	5/17	11/4	109.2
	香緑	強	3/27	5/18	11/7	105.9
	讃緑	強	3/27	5/12	11/5	111.7
	盧山香(ゴールデンキング)	やや強	3/25	5/11	10/22	134.9
	金豊(ゴールデンイエロー)	やや強	3/27	5/11	10/31	105.8
	魁蜜(アップルキウイ)	弱	3/30	5/11	10/23	117.6
	江西79-1(レッドプリンセス)	弱	3/24	5/10	10/24	99.3
	ホート16A	中	3/22	5/2	11/9	90.7
	さぬきゴールド	強	3/29	5/9	10/13	172.8
サルナシ	香粋	やや強	3/14	5/6	10/26	46.7
	光香	やや強	3/21	5/17	10/1	11.2
	月山系	やや強	3/22	5/17	10/4	10.4

※平成6年度種苗特性分類調査報告書（キウイフルーツ,さるなし・またたび）に基づく
表内の数値は，1996～2005年の平均値（ただし，ホート16Aは2001～2003年の平均値）

培管理によって品質にバラツキが見られる。樹勢をいかにコントロールするかが、高品質果実を生産するポイントである。

●そのほかのキウイ

キウイフルーツを長年栽培している人には、「ブルーノ」「モンティ」「アボット」「グレーシー」の名は懐かしいかもしれない。細長い果実の「ブルーノ」、果梗部がなで肩の「グレーシー」など、それぞれに特徴があり、世界や日本においてヘイワードと同時期に各地で試作されていたが、品質や栽培性などからヘイワードに劣るということでいつしか見なくなった。

また、黄色系品種で「アップルキウイ」「ゴールデンキング」などの系統が中国から導入され、いくつかの種苗業者で取り扱われているが、追熟が早く貯蔵性も短いため、市場での販売は難しく、現在は観光農園などを中心に栽培されている程度である。

3　第二世代の品種群

●新しいキウイ品種の潮流

キウイフルーツは果樹の中では、新参者である。二十世紀初頭に果物としての利用が始まり、経済品種ヘイワードが選抜されてからでも七〇年しか経

っていない。しかし、二〇〇〇年代に入ってここ一〇年ほどの世界の品種開発は、確実に発展してきた。

　とくに主産国のニュージーランドでは、ヘイワードが市場飽和し、南半球の生産国間での競争が激化するなか、品種開発が積極的に進められ、園芸研究所・ホートリサーチを中心に、数々の品種が育成されている。そのなかで「ゼスプリ・ゴールド」の名前で販売されている「ホート16A」はもっとも成功した品種である（写真1―4）。現在は、果肉の赤い品種や大玉のサルナシを選抜しつつある。

　一方、キウイ原産地の中国でも、自生系統からの優良品種の選抜や、新たな品種開発が進められている。そのなかで、果肉の一部が赤い「紅陽」や黄色果肉の「金桃」「金魁」などが育成されている（写真1―5）。このうち「金桃」は二〇〇一年にイタリアに品種許諾され、育成国以外での栽培が広がりつつある。

写真1－4　「ホート16A」の結実状況（上）
スーパーなどでは商品名「ゼスプリ・ゴールド」で販売（下）

　日本においても、ヘイワード主体の栽培から脱却し、品種の多様化が進みつつある。中国から導入された系統（*chinensis* 種）の中から、赤色果肉の

写真1－5　果肉の一部が赤い品種「紅陽」

「レインボーレッド」が選抜され、静岡県や福岡県を中心に普及が進んでいる。また愛媛県と佐賀県では、ゼスプリ社との契約により「ホート16Ａ」の栽培が進んでいる。

●ホート16Ａ（ゼスプリ・ゴールド）

①日本人向けにつくられた黄色果実

前節で紹介した「ゼスプリ・ゴールド」は果実に甘さを求める日本人向けに開発され、黄色い果肉の甘いキウイフルーツとして人気を集めている。輸入ものが大半を占めるが、ゼスプリ社との契約で愛媛県と佐賀県で約一五〇ha栽培されている（写真１—６）。日本以外では、北半球ではイタリア、アメリカなどで契約栽培されている。いずれにしても本種の栽培には品種特許権をもつニュージーランドキウイ生産販売協会（ゼスプリ）との契約が必要である。

日本では、輸入品は五～十月主体に、国産品は十二～二月主体に販売されている。

写真１－６　愛媛県産のゼスプリ・ゴールド

②甘くトロピカルな風味

果形は楕円形で、果頂部が突出する特徴的な外観である。日本での果実の大きさは九〇～一一〇ｇとヘイワードよりやや小さめであるが、ニュージーランドでは一五〇ｇ近くの大果になるものもある。

果皮は黄褐色で、表面の毛じは極粗である。果肉は黄色である。甘みがやや高く、酸味が低く、トロピカルな風味が特徴である。追熟の難易は中で、常温で二週間程度要する。貯蔵性も中で、二～三カ月は可能である。

③基準の果肉色より少し早めに収穫

ニュージーランドは土壌が肥沃なため樹勢はやや強であるが、日本のような耕土の浅い土壌では、樹勢、樹体の大きさともに中である。花穂の着生数は中、側花の数はやや少ない。発芽期が早いため、晩霜に注意する。また、開花期も早く、一般の雄品種より早い。発芽率が高く、過繁茂になりやすいため、新梢管理が重要である。

ニュージーランドでは収穫時期の判断を果肉（黄色）の濃さで見ているた

め、ヘイワードとほぼ同時期だが、耕土の浅い日本では、基準の色相になる前に樹上で果実の軟化が進むので、少し早めに収穫したほうがよいと思われる。

●レインボーレッド

①食味良好の極早生赤肉種

小さくて甘い赤色果肉のキウイフルーツである（写真1―7）。多汁で、糖度は約二〇％ときわめて高く、食味良好である。現在のところ国内でもっとも早熟のキウイであり、十月主体に出荷されている。

中国から導入したキウイの系統（*chinensis* 種）の中から、静岡県の小林利夫氏が育成・選抜し、有限会社コバヤシが商標登録した優良品種である。

写真1―7 「レインボーレッド」の果実
果肉は黄緑～黄色で，芯は赤褐色となる

②発芽期の晩霜に注意

果形は長台形で、果頂部がくぼむ。果実の大きさは七〇～九〇gとやや小さい。果皮は黄褐色で、表面の毛じは極粗である。果肉は黄緑～黄色で果芯周辺が赤褐色を呈し、果肉色のコントラストが美しい。食味は前述の通り良好である。

写真1―8 「レインボーレッド」の葉巻き症状

追熟は比較的容易で、一週間から一〇日程度でよい。貯蔵性は短い。

樹勢はやや弱く、樹体の大きさも中である。育成地（静岡県富士川町）での開花期は四月下旬、成熟期は九月下旬～十月上旬である。発芽期は、現時点で存在する品種の中でもっとも早いため、晩霜に注意が必要である。また、開花期も一番早く、一般の雄品種より早い。花は柱頭が突出して咲きやすい。

ほかの品種にくらべて乾燥ストレスにより葉が巻きやすい（写真1―8）。また、成熟期の夜温が下がりやすいところでは、果芯周辺のアントシアンの発色が優れる。

写真1－9　砲弾型の果形が特徴的な「讃緑」

● 讃緑（さんりょく）

① 甘酸バランスがよく、さっぱりした食味

上品な甘さと酸味のバランスが絶妙で、玄人好みの品種である。優れた貯蔵性を有し、国産キウイ商戦の後半（三～四月）に適する品種でもある。

香川県農業試験場府中分場で「香緑」に中国系キウイフルーツ（*A. chinensis*）の雄系統を交配して育成され、一九九九年に品種登録された。

果実の大きさは一〇〇g程度。果形は長楕円形で、果頂部がとがる特徴的な外観をしている（写真1―9）。果皮は褐色である。表面の毛じは少なく、長さも短く、脱落しにくい。果肉は黄緑色を呈し、肉質は繊維質が少なく滑らかである。糖度は平均一七％と高く、酸味とのバランスがよく、食味良好である。また、「香緑」にくらべて風味にクセがなく、花粉親の中国系キウイフルーツ（*A. chinensis*）特有のさっぱりとした食味が特徴である。

追熟の難易は難で、常温で三～四週間要する。貯蔵性はヘイワードよりやや劣るが、五～六カ月の貯蔵は可能である。

② 樹勢強く、新梢伸長が旺盛

「香緑」と同様に樹勢が強く、新梢伸長が旺盛である。奇形蕾（花）の発生がヘイワードや「香緑」より多いが、摘蕾・摘果で対応でき、収量性に影響はない。育成地（香川県坂出市）における開花期は五月上～中旬、成熟期は十一月上旬である。開花期は「マツア」や「トムリ」など一般の雄品種より早いため、前年の冷凍貯蔵花粉か専用の雄品種が必要である。

ヘイワードと同様に花腐細菌病に弱いので、園内の通風が悪い園地への導

入は避ける。

穂木は香川県の生産者のみに、有償で配布されている。

●さぬきゴールド

現在、経済栽培されるキウイの中でもっとも大きい品種で、二五〇gを超える果実も少なくない。食味は良、きわめて多汁で、糖度も高く、濃黄色の果肉は鮮やかである（写真1—10）。追熟後糖度が一五%以上の果実は、とくに「黄様（おうさま）」ブランドで、ギフト商品を中心として販売されている。

香川県農業試験場府中分場で、「アップルキウイ」に中国系キウイフルーツ（*A. chinensis*）の雄系統を交配、選抜育成した品種で、二〇〇五年に登録された。

果実の大きさは平均一六〇〜一八〇g、果形は短台形である。果皮は褐色で、表面の毛じは粗であり、脱落しにくい。果肉は鮮やかな濃黄色を呈する。甘みは高く、酸味は低く、また肉質が緻密で軟らかいため、風味、食味とも良好である。追熟は容易で一週間程度要する。貯蔵性は短く、一〜二カ月である。

発芽率がほかの品種にくらべて高く、過繁茂になりやすいので、新梢管理が重要である。また、大玉生産のためには開花前の摘蕾作業が必須である。育成地（香川県坂出市）における開花期は五月上〜中旬、成熟期は十月中旬である。開花期が一般の雄品種より早いので、「讃緑」と同様に貯蔵花粉が必要である。収穫時期が早いと追熟後の糖度が低く、遅れると樹上で軟化し始めるため、収穫適期の判定が難

写真1—10　超大型のキウイ品種「さぬきゴールド」
結実状況（上），黄色でジューシーな食味が特徴（下）

しい。冷蔵貯蔵（五℃）でも果実の軟化が早い。

　本品種も穂木は、香川県内にのみ有償配布。

4 これからの品種と経営戦略

●「ベビーキウイ」という新商品

　ベビーキウイという商品を最近スーパーなどでよく見かける。おもに、アメリカ（オレゴン州）、チリ、ニュージーランドからの輸入ものが多く、一パック三〇〇円程度で販売されている（写真1―11）。

　ベビーキウイは、キウイフルーツと近縁種のサルナシ（*A. arguta*）の商品名であり、輸入品では「アナナシア」という品種を扱っているものが多い。ベビーキウイ＝海外、サルナシ＝日本というイメージをもつ人が多いが、実はどちらもサルナシであり、日本・朝鮮が原産である。輸入されているベビーキウイは、日本からもち出されたサルナシが改良され、逆輸入されているのである。

　日本でのサルナシは、中山間部を中心に地域特産果樹として栽培され、おもに加工用に利用されている。とくに、東北地方はサルナシの品種改良に先駆的であり、生食用の大玉サルナシとして「光香」（写真1―12）「峰香」などが選抜・育成されている。

　今後日本でサルナシを展開していくには、大玉果実の生産と新たな加工品の開発が必要である。その一つの展開方向として、次に紹介する「香粋」がある。「香粋」はサルナシを品種改良

写真1－11　新しいキウイとして出番を待つベビーキウイ（上：ニュージーランド・ホートリサーチ，下：パックされた商品）

写真1－12　大玉サルナシとして育成された「光香」

した品種である。

●サルナシ×キウイの新品種「香粋」

①新ジャンル果実として提案

香川県では、「香粋」という品種が開発されている（写真1－13）。この品種は、サルナシ「一才」（*A. arguta*）に、キウイフルーツの雄品種「マツア」（*A. deliciosa*）を交配し育成された種間雑種で、分類上はサルナシに属する。しかし、キウイフルーツ（約一〇〇g）より小さく、サルナシ（約一〇g）より大きい果実形状（約三〇g）から、今までにない新しさをアピールできる品種である（写真1－14）。あえて区分を設けるなら「キウイベリー」といったところである。

写真1－13　キウイより小さくサルナシより大きい「香粋」

糖度は一七～二〇％と甘味が非常に強く、サルナシ特有のえぐみも少なく食味は良好である。追熟は容易で一週間程度である。貯蔵性は、一般のサルナシよりやや長く、一～二カ月の貯蔵が可能である。

「香粋」は、一口サイズの小さくてかわいらしい外観、一度食べたら忘れられない濃厚な食味、アクチニジン（えぐみの一部）の少なさを武器に、女性・子ども向け果実として人気を博している。毛じがなく、小さく、追熟が容易なことから、弁当や給食などにおける機能性食品としての需要も考えられる。

②無摘蕾で省力栽培

樹勢はキウイフルーツより弱いが、サルナシとしてはやや強い。

キウイフルーツは、一つの枝に五花穂×三花蕾の約一五花蕾が着生し、摘

写真1－14　キウイフルーツ「香緑」（左）と種間雑種品種「香粋」の大きさの比較

蕾で中心花二〜四蕾にしている。一方、サルナシに分類される「香粋」は、七花穂×七花蕾の四九花蕾が着生し、開花量は非常に多く、花の大きさも小さい。そのため、「香粋」では、キウイフルーツで行なわれている摘蕾作業は、多くの労力を要するため難しく、またすべての花に受粉すれば、果実が成りすぎることから、摘蕾は行なわず、必要な量だけ受粉する方法をとっている。これにより、摘蕾と受粉と摘果の作業が省略されるわけである。

育成地（香川県坂出市）における開花期は五月上旬と早く、一般のキウイフルーツ雄品種より早い。発芽期はきわめて早いため、晩霜には注意が必要である。

成熟期は十月中〜下旬で、収穫が遅れると樹上で果実が軟化するものもある。花腐細菌病には弱い。

●今後注目される品種特性

品種開発の動向は、ヘイワードを始めとする *deliciosa* 種から「ホート16A」などの *chinensis* 種へ移ってきている。つまり、緑色系キウイから黄色系キウイにシフトしている。これは *chinensis* 種が、高糖度・低酸でかつタンパク質分解酵素であるアクチニジン含量が少ないために、甘く食べやすく、イライラ感が少ない（えぐみがない）ことによっている。また、ごく最近の傾向としては、同じ *chinensis* 種でも、黄色系キウイから赤色系キウイに移りつつある。

「緑」「黄」「赤」と、信号機のように三色の果肉が揃い踏みしたようなキウイだが、世界には、果皮が紫色の系統や、果実表面の毛じが白い系統などがある。これらが改良を重ねていけば、さらにユニークな品種が登場するかもしれない。

今後の品種開発として、皮ごと食べられるキウイ、赤肉色の大きいキウイなどが確実に市場に登場するだろう。

また、これまで生食を中心とした品質重視の品種開発から、今後はアクチニジンやポリフェノール、ビタミンC、さらにはマタタビ属果実に特有の機能性に着目し、それを活かした商品開発のための品種育成が必要である。

そういう意味では、*A. chinensis* 種や、「香粋」のようにキウイフルーツの近縁種を利用した種間交雑や選抜などによる新品種開発にいっそうの期待がかかる。

●経営と品種選びの視点

多様に展開してきたとはいえ、キウイフルーツの品種はまだまだ限られている。よいと思っても、県内限定、あるいは特別の契約が必要であるなど、難しい点もある。したがって、こういう経営ではこの品種と、断定的なことはいえないが、一ついえることは、ゴールド種の成功によりキウイが消費者に認知されるようになり、さまざまなキウイが受け入れられる可能性が高くなったことである。これまでのヘイワード一辺倒の栽培から多品種の栽培に、大きく可能性が開かれている。

そこで筆者は今後、キウイ商品の多様化に力を入れるべきと考える。栽培品種を多様化することで、授粉や収穫労力を分散し、その余力で規模拡大が可能となる。これまで補助的な経営品目から、キウイフルーツを主体とした農業経営を考えてみるのも面白いとみている。

日本におけるキウイ産業が今後発展するためには、生食や加工用を含め個性的な品種開発と規模拡大を行ない、国産キウイの体質強化を図ることが重要である。

（福田哲生）

第2章 休眠期の作業

1 キウイの樹の基本特性

最初にキウイの基本的な性質をふり返っておこう。基礎基本を押さえたうえで休眠期の作業を解説したい。

その1 キウイはツル性、絡み付いて上に伸びる

キウイ樹は、野生状態ではほかの樹木などに絡み付いて葉をより上空に位置させ、光合成に有利な場所を占めようとする（写真2―1）。

一般的に茎（幹）には自分の体を支える役目、葉に養分や水分を送る役目、養分を貯蔵する役目などさまざまな役割がある。キウイの茎は進化の過程で自らの体を支える役目は放棄し、より高い木に絡み付くことで光合成に有利な態勢をとることを選択した。

写真2－1　山中で巻き付いて伸びる野生のキウイ

これを栽培的に見ると、何かに巻き付かせてより上に伸ばすようにしてやれば自然に上に伸びるが、逆に水平や斜め下には伸ばしにくい、ということである。

その2 陰芽が発生しやすく、樹形は乱れやすい

キウイの枝は何かに絡んで上に伸びようとするが、一定程度伸びるとその枝は衰弱して、下から伸びてきた新しい勢力の強い枝と更新される。活力の

ある会社のようなもので、社長が時代に合わなくなると、新しい世代が新事業を興して会社の新陳代謝を図る、それと同じである。

　陰芽が発生しやすかったり、このように突発枝が発生して先端の枝にとって代わって伸びたりする性質は、栽培上、枝の更新に積極的に利用できる反面、この陰芽は樹形を乱しやすく、扱いにくい。

その3　結果母枝型の結実習性

　キウイフルーツは、ブドウやカキ同様、前年に伸長した新梢が結果母枝となり、これから萌発する新梢の基部数節に花芽が着生する（写真2―2の左側）。果実が着いた結果枝では、花芽が着生した節位に生長点がなく、結果部より基部の芽は潜芽となって発芽しないことが多い。この結果枝は、着果部位より先の芽で切り返して次年度の種枝（結果母枝）として利用される（図2―1）。

　一方、キウイの仲間のサルナシのいくつかの品種では（「月山」や「光

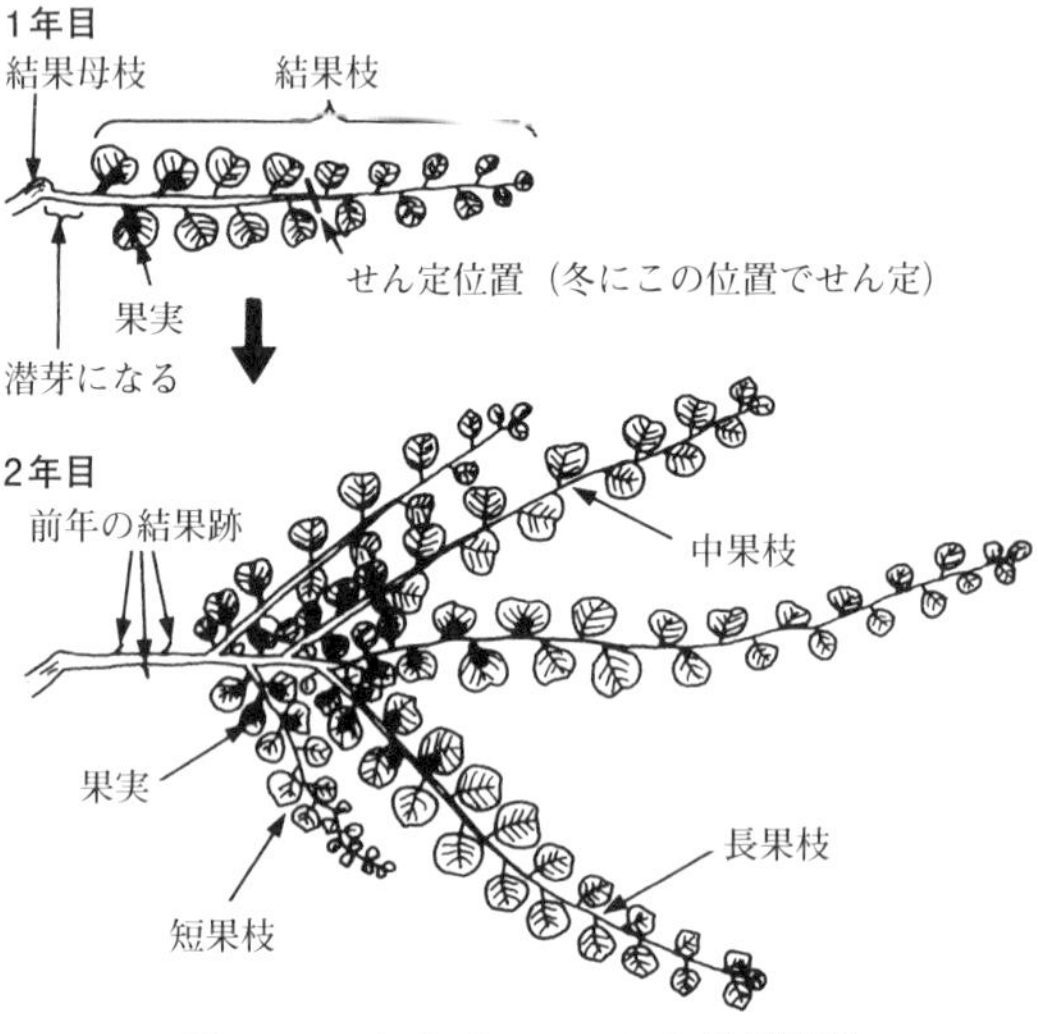

図2－1　キウイフルーツの結果習性

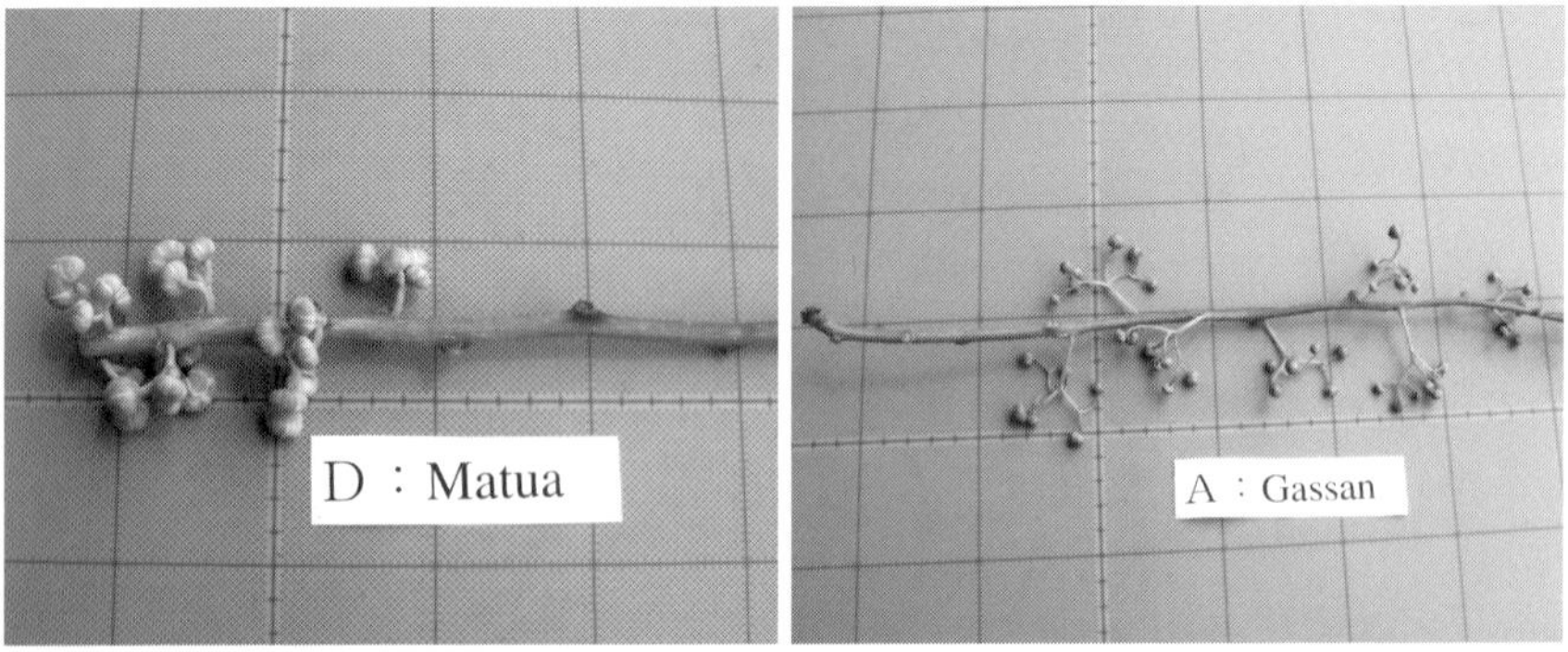

写真2－2　基部節から花芽が分化する一般のキウイ（左，品種：マツア），基部数節には花芽が分化しないサルナシ（右，品種：月山）

香」「峰香」など)、最初の花芽が着生するのは基部から七~九節目ということと、六節目より基部の冬芽の充実が良好で、この節位から発芽した芽は花芽をもつことから、これらの品種ではブドウのような短梢せん定が可能である(表2—1)。

表2－1　*Actinidia*属植物の結果枝基部から花芽着生節位までの節数　(福田，2005)

種	品種・系統	結果枝基部から花芽着生節位までの節数
A. chinensis	FC-2	1.0
	ゴールデンキング	1.0
	レッドプリンセス	1.0
	アップルキウイ	1.0
	ゴールデンイエロー	1.0
	さぬきゴールド	1.0
A. deliciosa	ヘイワード	1.0
	香　緑	1.0
	モンティ	1.0
	ブルーノ	1.0
	アボット	1.0
	グレーシー	1.0
A. arguta	平　野	5.8
	高　知	4.8
	長　野	5.3
	島　根	5.0
	月　山	5.3
	光　香	5.8
	一　才	3.0
A. rufa	長　野	1.2
	淡　路	1.0
A. polygama	佐藤マタタビ	3.0
雑　種	香　粋	1.0
	讃　緑	1.0
	信　山	3.0

注)香粋　*A. arguta*一才×*A. deliciosa*マツア
讃緑　*A. deliciosa*香緑×*A. chinensis*FCM-1
信山　*A. arguta*×*A. deliciosa*トムリ

その4　疎植大木の整枝はリスクが大きい

村松はブドウ、キウイ、リンゴ、ウンシュウミカンの四樹種の果樹の導管の直径分布を調査した。キウイは他の樹種にくらべて太い導管の割合が多く、ブドウでは、太い導管もあるものの細い導管の割合が多い。リンゴやミカンはほとんど細い導管ばかりである(図2—2)。

太い導管は大量の水や養分を急速に送ることができるが、乾燥状態で葉や土壌の水が不足し始めると、導管内部に気泡が生じて水柱が切れやすい。逆に細い導管は少量の水をゆっくりしか送れないものの、乾燥状態でも水の凝集力で導管内部の水柱が切れることなく、葉へじっくり水分を送ることができる。乾燥地帯で進化したブドウはより多くの水を急速に上へ輸送する幹線道路的な導管だけでなく、細い導管での水輸送システムを備えて、枝や葉で致命的な乾燥状態に陥ることを防いでいる。

これに対し、キウイは太い導管が中心で、ブドウのように細い導管によるバックアップシステムは発達していない。また枝の面積あたりの導管の本数が少ない（図２－３）。

キウイの水輸送を交通網にたとえていえば、数本のしっかりとした幹線道は完備しているものの、周辺の細い一般道は整備されておらず、一度幹線道が事故で不通になると、物流が完全ストップしてしまう……というようなものといえよう。

このように導管の太さ分布から見るかぎり、キウイはブドウのように樹冠を拡大して水を長距離輸送するような仕立てはややリスクが大きく、粗植大木の整枝法よりはコンパクトな樹冠づくりのほうが、いざというときに対応しやすいと思える。

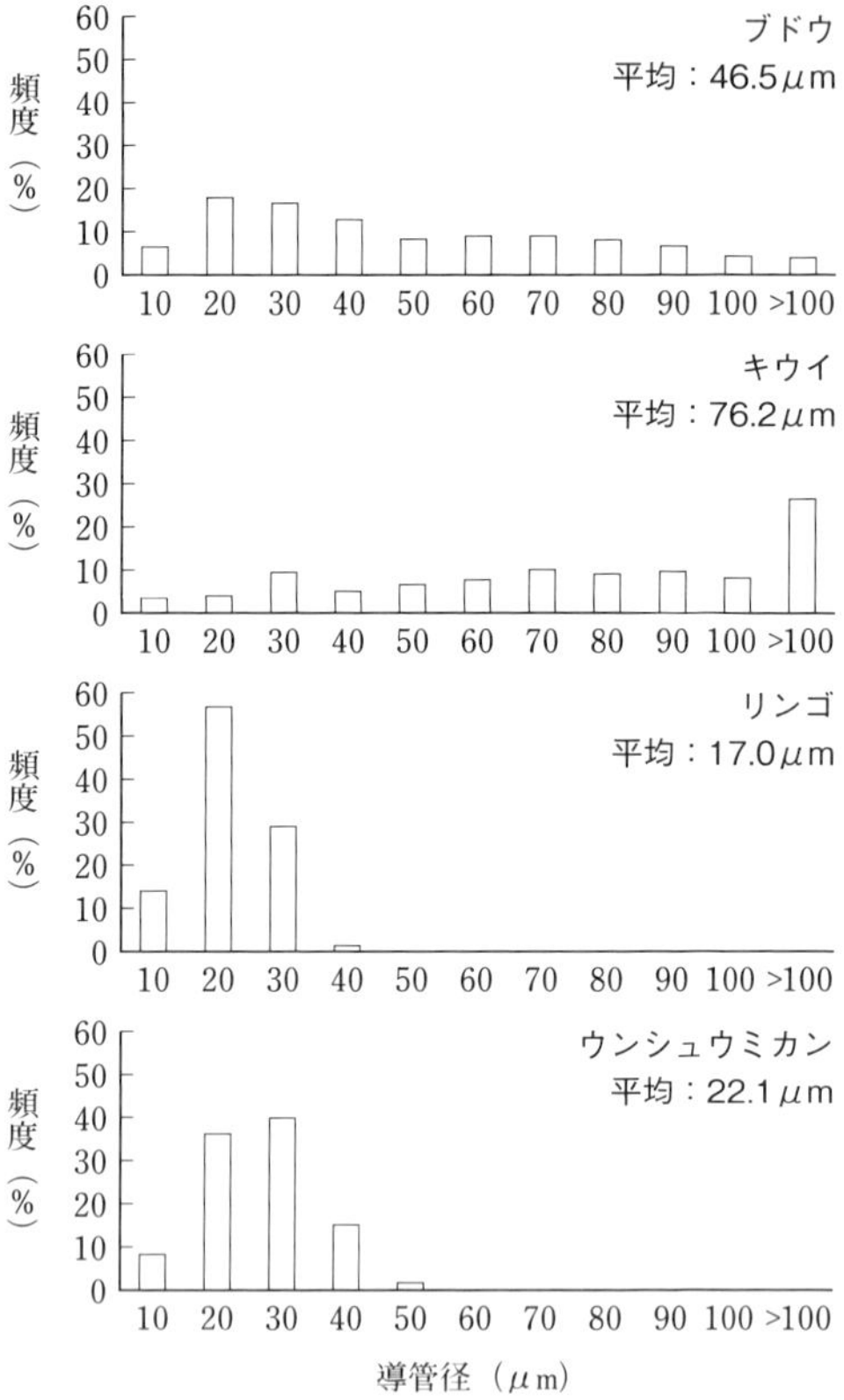

図2－2　各果樹の導管の太さの分布
（村松ら，2008）
キウイの導管はほかの果樹に比べて太い

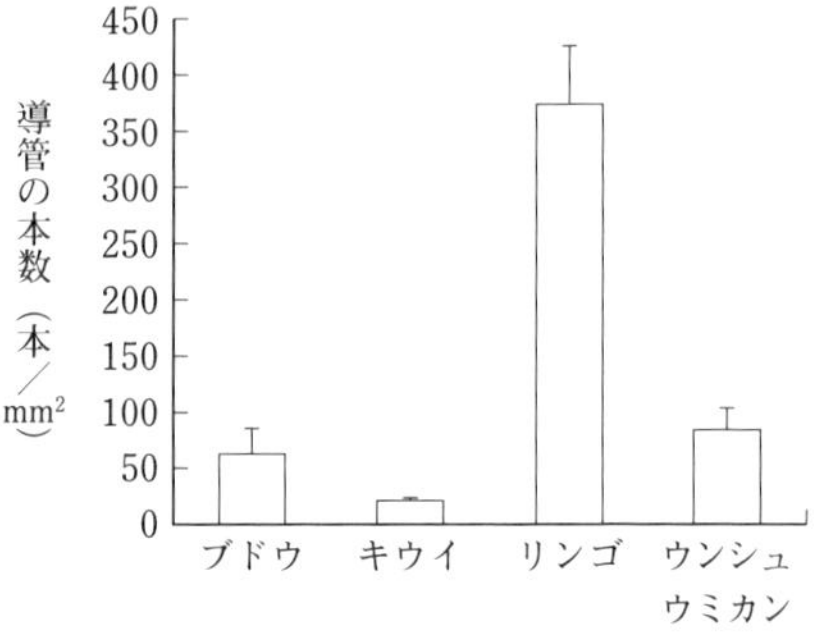

図2－3　各果樹の単位面積あたりの導管の本数
（村松ら，2008）

その５　一〇a三三本植えを基本に、品種や樹勢で加減する

日本にキウイが導入されてから現在までニュージーランドの植付け基準にならい、永久樹は五×六ｍ（一〇aあたり三三本植え、二倍密植で当初は六六本の植栽）で植えられることが多かった。この栽植密度では樹勢が強すぎ、

夏せん定に苦慮した経験をもつ人も多いと思う。しかし、花腐細菌病の対策や品質向上のための環状剥皮、また樹齢の進行に伴う樹勢の低下を見て、現在ではもう少し多めに本数を入れてもよいのでは？　と感じる人も多いかもしれない。

栽植密度は、樹齢、品種ごとの樹勢、土壌の深さや肥沃度、地下水位の状況によって大きく変わるが、「ヘイワード」であれば現在の栽植密度（一〇a三三本）で問題はなさそうである。香川県の主力品種である「香緑」のばあいは、樹勢が強く枝が徒長しやすいので、当初二七本植え（六×六m）、間伐後は一四本植え（一二×六m）としている。

その6　増えてきた黄色系品種やサルナシ新品種

黄色系品種など新しいキウイ品種の樹冠の拡がりや枝の伸びはヘイワードなどとかなり異なる。植栽の段階ではこれらの違いを理解しておく必要がある。表2―2では、私たちの試験場で保存・栽培している品種あるいは品種登録の出願書類などの資料から明らかとなっている評価を、一覧表として示しておいた。これらは実際の栽培試験を行なっていない品種も含まれるので、あくまで著者の個人的意見であることをお断りしておく。

2　幼木の整枝とせん定

幼木の時期は、枝のスムースな伸長により樹冠の拡大を図ることが第一の目標である。そのためには主枝を明確にして、その枝をしっかり伸ばすことで、次年度以降の樹冠拡大の中心とする。

表2－2　さまざまな品種の樹冠の拡がりやすさ　（末澤）

種のグループ分けおよび品種名					樹冠の拡がりやすさ
6倍体 *deliciosa*	4倍体 *chinensis*	2倍体 *chinensis*	雑種	サルナシなど	
トムリ，香緑，ブルーノ，マツア	さぬきゴールド，小林39，金豊	―	讃緑	―	**広い**
ヘイワード	廬山香（ゴールデンキング）魁蜜（アップル）	ホート16A(ゼスプリ・ゴールド) レインボーレッド	信山	―	**中**
			香粋	峰香，光香	**狭い**

注）*deliciosa*：*A. deliciosa* 種，ヘイワードなど一般的な果肉が緑色のキウイ。染色体数が174の6倍体
4倍体 *chinensis*：*A. chinensis* 種。染色体数が116の果肉が黄色系のキウイ
2倍体 *chinensis*：同上，染色体数が58の果肉が黄色もしくは赤色系のキウイ

キウイの枝は、ほかのものに巻き付き、より上に伸びる性質があるので、ワイヤや紐、タケなどを立てて、これに絡み付かせて伸ばしてやってもよい（写真2―3）。基本的には図2―4をイメージして、一年目の整枝せん定を行なう。

写真2－3　紐に巻き付かせて旺盛に伸びた1年生樹
（品種：香粋）

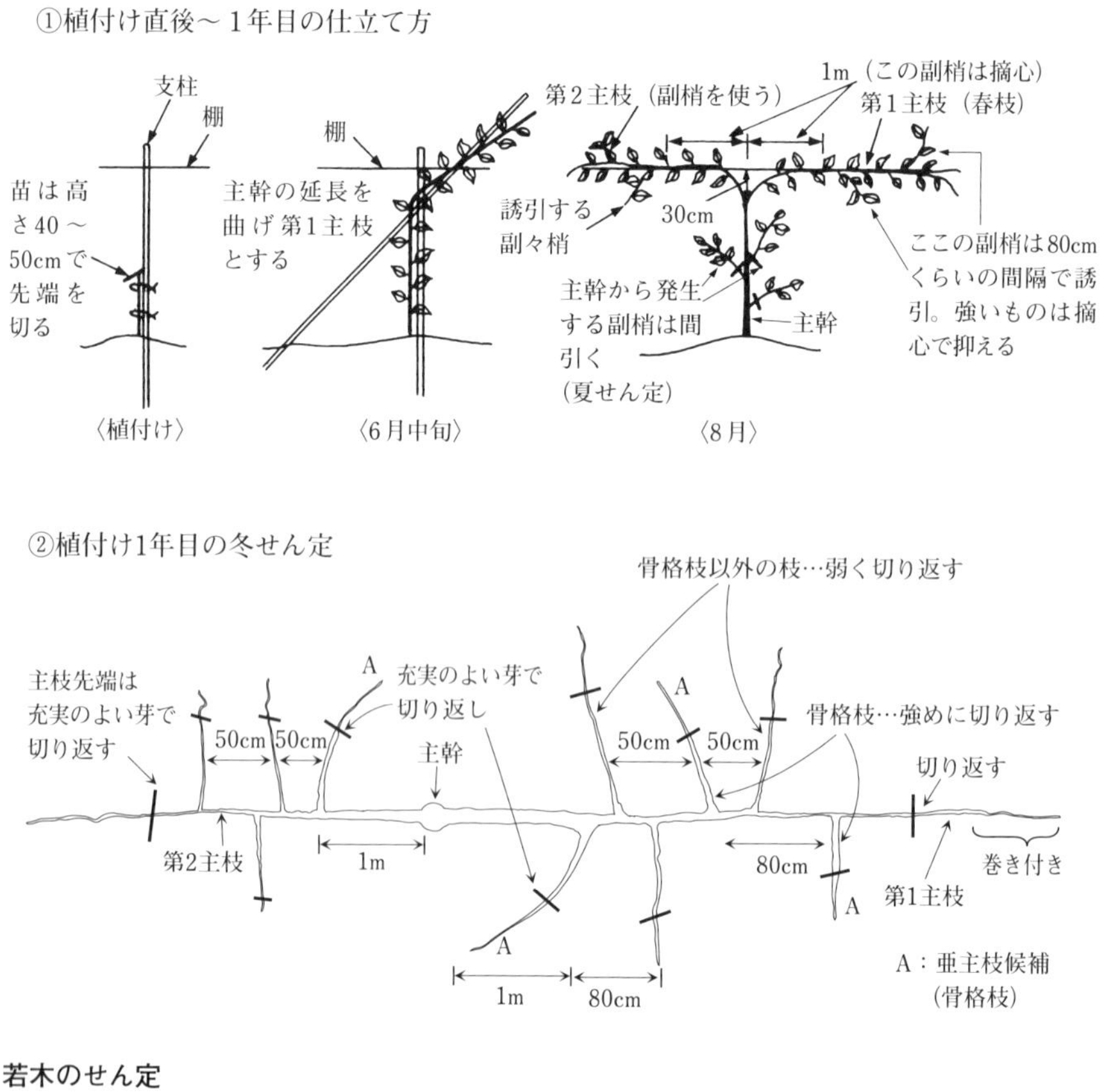

若木のせん定

〈よくある失敗と思い違い〉

事例1　基部からたくさん枝が発生して、どれが主枝や主幹かわからなくなってしまった……（写真2―4）

キウイでは、より下位から発生する枝が強く伸びるいわゆる「負け枝」が発生しやすい。基部から発生した枝ほ

写真2－4　生育期間中の枝管理が不十分で，基部から枝が多発した状況

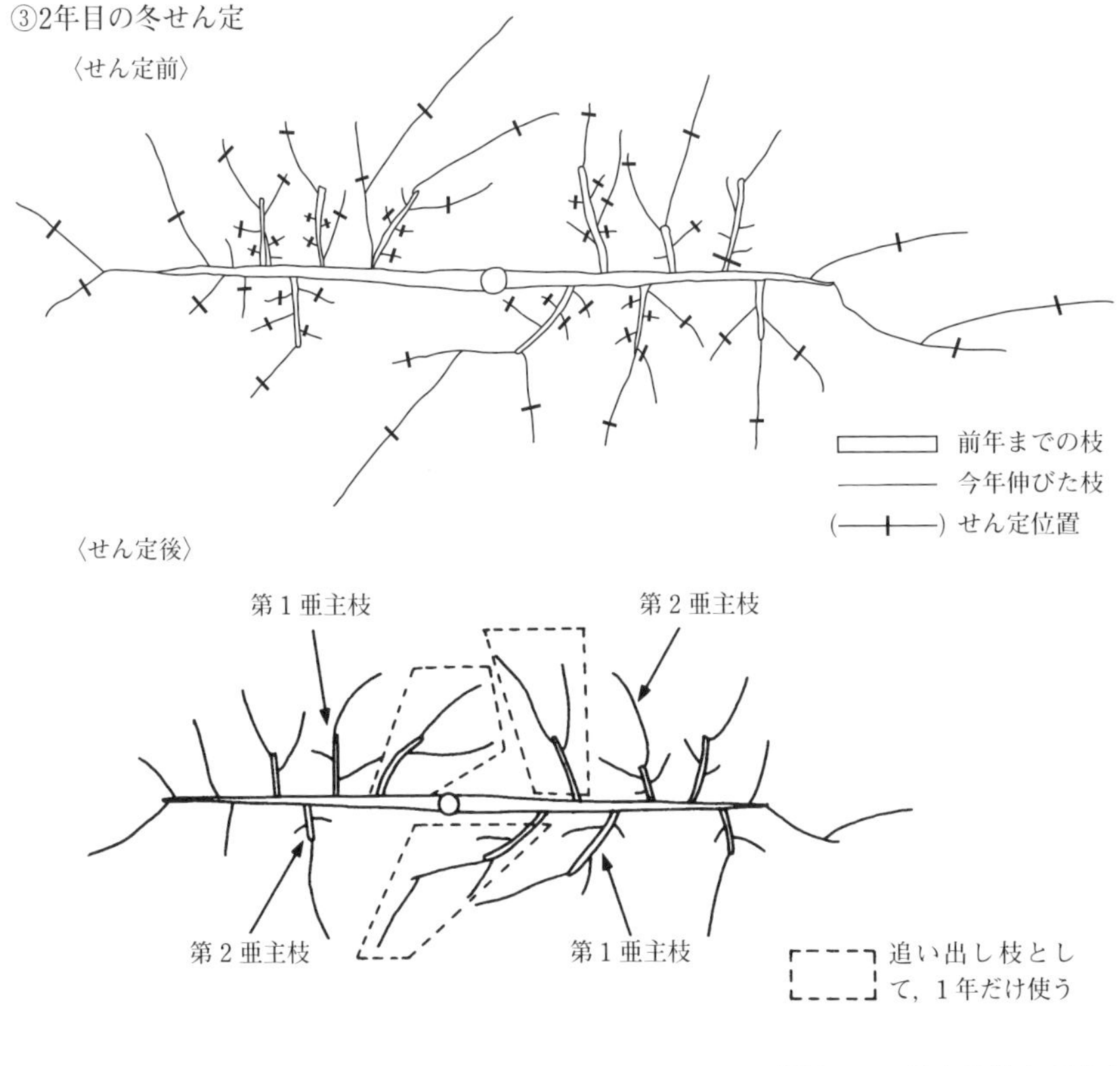

図2－4　幼木の仕立て方と

ど太いばあいが多いので、芽の充実度と、枝の太さ長さを判断し、主幹や主枝としてふさわしい枝をせん定時に再度選び直す。次年度は主幹基部から発生した枝は芽かぎして、主枝分岐部より下には新梢を発生させない。

事例2　主枝にしようと思った枝が強く伸びず、基部から発生した副梢が強く伸びてしまった（写真2―5）。

キウイでは負け枝により最初に選んだ主枝候補枝でも先端がくるくる巻き付いて細くなってしまうことは多い。代わりに副梢が強く伸び、枝の太さが逆転するようなばあいがあるが、そのようなときは最初の枝にこだわらない。細く巻き付く枝は強くまっすぐに伸びないので、太く素直に伸びた枝に主枝候補を譲り、勢力の弱った枝はせん除する。

写真2－5　主枝基部から強い副梢が発生，主枝より太くなった

3　若木の整枝とせん定（植付け二～三年目）

若木時代は主枝を完成させることがもっとも重要な目標である。

この時期は樹勢が強く、枝が徒長的に伸びることが多い。主枝基部から発生した結果枝が強く伸び、主枝先端部が伸びなくなる事例も多い。

植付け二年目は主幹に近い部分から発生する強い枝を摘心や夏せん定で徒長させないことが重要である。その枝が主枝分岐部に近すぎるばあいは、冬に基部からせん除する。

〈よくある失敗と思い違い〉

事例1　初結実に気をよくしていたら、主幹近くの枝が主枝より太くなった……

主幹に近いところには強い枝が発生しやすい。強い枝には大玉が結実することから、とりあえず一年だけと長く切り返して、初結実させる。期待どおり大きく充実した果実が着生するが、同時に結果枝も強く旺盛に伸びて、秋には主枝候補枝より太くなり、切るに切れなくなっていたということはよくある。

ここでの失敗は「とりあえず一年だけ」と思ったこと。迷ったら基部からせん除する。初結実だから果実を数個でも成らせたいなど、どうしても残したいばあいは、枝が太らないよう基部に針金を巻き付けるなどの処理をして、追い出し枝として一年間だけ利用する（図2―5）。

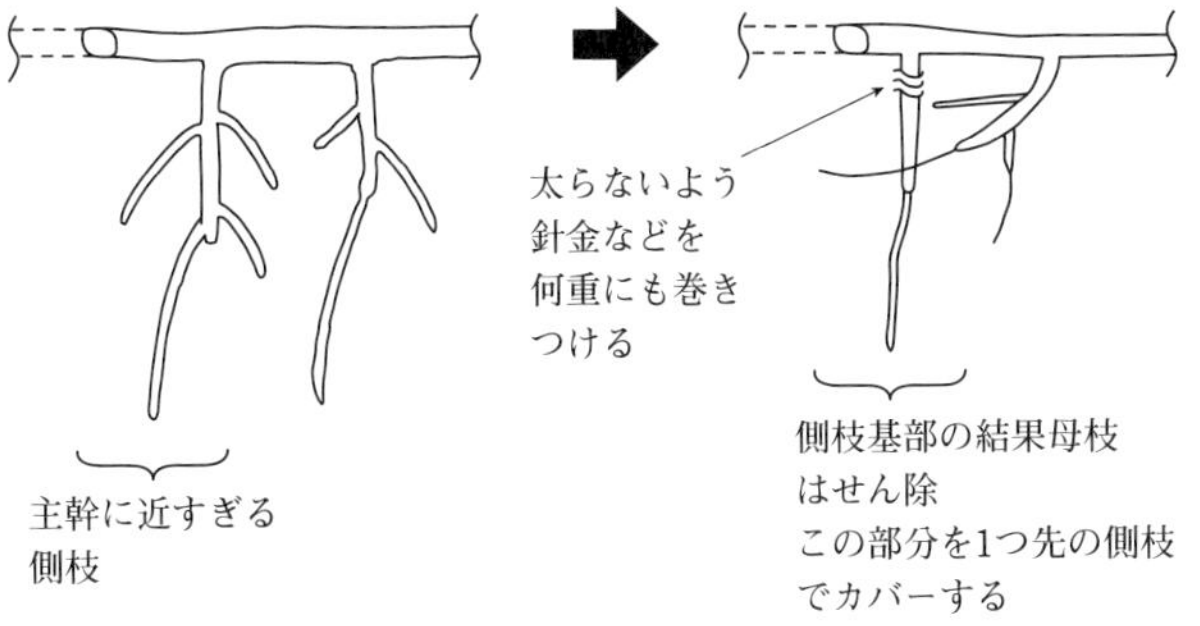

主幹に近すぎる
側枝
太らないよう
針金などを
何重にも巻き
つける
側枝基部の結果母枝
はせん除
この部分を1つ先の側枝
でカバーする

図2―5　追い出し枝の要領

事例2　ていねいに誘引したつもりが、気が付けば棚線を巻き込み、食い込んでいる。その先の枝の生育が心配……

キウイはくるくる巻き付いて伸びることから、たまにある失敗例である。枝が太くなると棚線が食い込んでしまう。そのままでゆ合が進み、完全に棚線を飲み込んだかたちで枝が太るケースも見かける。しかしそれが原因で枝が枯れるといった事例はあまり見ない。

できれば、気が付いた段階で、棚線を一度切断し枝から引き抜き、線をつなぎ直す。しかし棚線が幹線で切断しにくいばあいは、……そのままいくしかない。

4　成木の整枝とせん定（植付け四年目以降）

樹冠が完成するこの時期は、勢力の揃った枝が均等に配置されていることが目標である（図2―6）。

三三本植えで樹勢が十分強いばあい、主幹近くの枝が強くなりすぎ主枝先端の枝との勢力のバランスがくずれることがある。そうならないよう、亜主枝、あるいは大型側枝を主幹に近すぎない位置、具体的には主枝分岐部から一m程度の位置に配置したい（写真2―6）。

側枝を小型に維持し、ムカデ状に配置する整枝法では、主幹近くの側枝が大きくならないよう、つねに短く更新することを心がける。主枝先端部の結果母枝は、強さを確保するため夏の突発枝を有効に利用する。また主枝先端

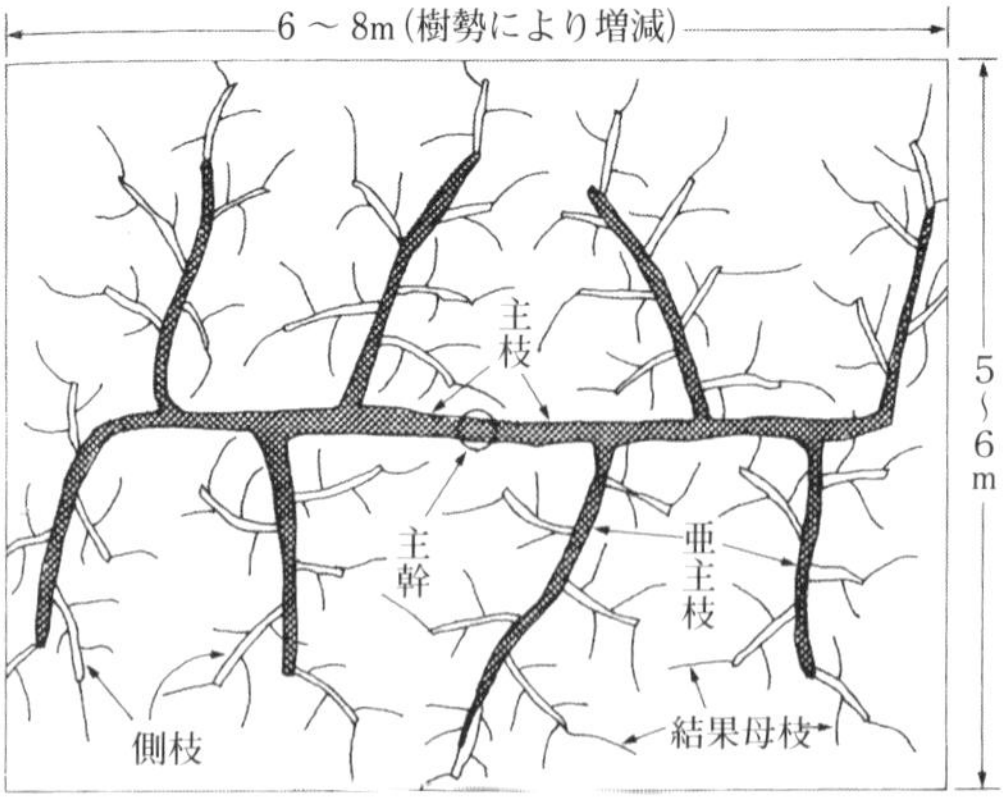

図2―6　完成した2本主枝整枝（せん定後の模式図）

部ほど大きめの側枝をおき、切り返しを強くして結果枝の強さを確保するようにする。

以下、成木をせん定するにあたって基本となる考え方、ポイントを整理してみた。

写真2―6　中庸な樹勢のせん定後の枝の状態

その1　まず樹勢診断

樹勢が強い・弱いといっても、樹勢という用語の定義が難しいだけに、客観的に評価することは容易ではない。ただ、それを園主であるあなたが自分なりに評価することはできる。その際、いくつかの評価基準を決めておくことで毎年の判断がブレにくくなると思われる。

そのための基準案を表2―3にまとめてみた。ここに掲げた以外にも評価ポイントはあると思うが、基準が多く複雑すぎても実用的でない。表2―3の項目を参考に、自園の樹勢がどんな状態か判断してみてほしい。

その2　整枝せん定の方向を定める

樹勢が強いか弱いかの判断を行なったら、具体的な方向を定める。たとえば、樹勢が強い園地では、間伐による樹冠の拡大、あるいは環状剥皮による発根抑制、夏せん定の徹底による不要な突発枝のせん除などが考えられる。ただ、二〇年生、三〇年生の樹となると、樹勢が強いと判断して間伐し、樹

表2－3　キウイ樹の樹勢評価のための項目と評価基準例　（末澤）

項目	評価基準		
樹体全体の結果枝の平均的な長さ	長い（5点）	適当（3点）	短い（1点）
突発枝の発生量	発生が多く，夏せん定に困る（5点）	適度に発生（3点）	発生が少なく側枝などの更新が困難（1点）
	自己摘心せず，副梢が多数発生（3点）	自己摘心する突発枝も多い（2点）	2m，3mを超える突発枝が少ない（0点）
日焼けや太枝の枯れ込み	まったくない（2点）	気にならない（1点）	枯れ込みで樹冠が維持できない部分が発生（0点）
夏の落葉程度	7月下旬から下枝の落葉が多い（2点）	少ない（1点）	葉焼けが発生しやすく，その後，落葉する（0点）
せん定した切り口のゆ合の程度	大きな切り口でもすぐゆ合する（2点）	おおむねゆ合（1点）	カルスの発生が悪く，ゆ合していない。枯れ込みが発生している（0点）

注）園主が各基準を評価し，その合計値を樹勢ポイント値とする。このポイント値を毎年記録することで，樹勢の経年変化が「自分なりに」客観視できる。
項目ごとにポイント値の範囲が異なっているのは，樹勢評価項目間の重要度を考え，ポイント付与点を変えてみた。これも筆者の個人的考えである。
評価は相対的なもので，品種，地域，樹齢で異なる。樹勢が強いか弱いかを判断するポイント範囲はそれぞれで決めていただきたい。
（ちなみに筆者の個人的感覚では，合計値が7点以下では「衰弱ゾーン」，逆に15点を超えると「樹勢が強すぎゾーン」）

冠拡大をしても拡がり切れないばあいが想定される。また樹勢が一気に低下する危険も考えられる。そこで、主幹や主枝を環状剥皮して発根を抑え、樹勢制御を行なうほうが現実的である。

　冬のせん定では、可能な限り太枝を更新し、木質部が少ない若々しい樹体づくりを心がける（更新せん定）。

　一方、樹勢が弱い園地では、樹冠の縮小（主枝や亜主枝の強い切り縮め）と空いたスペースへの早急な補植が必要である。樹冠の縮小は、たとえ主枝であっても強い突発枝の発生部位まで思い切った切り返しを行なう。側枝も更新できるものは積極的に更新する。亜主枝があるばあいも切り返しを入れてコンパクトに側枝化する。こうすると棚面にスペースができる。このスペースに苗木を補植する。この苗木が順調に生育するよう、新鮮土壌の客土も考える。

　なお、更新でできた大きな切り口には、必ずゆ合剤を塗布しておく。

その3　園地ごと、樹ごとのデータベースを

　キウイの樹に名前をつけると管理がしやすい。番号でも十分。家族で「1

号園の5番の樹が弱ってきたので、強めにせん定しておいた。今年は5番の樹の摘蕾や摘果は強めにしておいてね……」というやりとりができる。もし可能ならノートを一冊つくり、一樹ごとにカルテ（簡単なメモで十分）を作成してもいい。「3番の樹は、昨年成らせすぎたから、今年のせん定は結果枝を少なくしよう……」とか、「12番と13番の樹は果実が小さかったので、今年は強い母枝を選び大玉を目指そう」などの記録を樹ごとに残しておく。記録は記憶を呼びおこすだけでなく、記録を残す作業そのものが、園主の樹体観察力を鋭くする効果がある。

　最近はカンキツを中心に糖度選果機が導入され、その結果をコンピュータで地図データと結合して、おいしい果実をつくる生産指導データベースが構築されつつある。しかしパソコンで管理するものだけがデータベースではない。園主が手書きする樹体番号とカルテも十分な樹体データベースなのである。

　著者の知る大規模専業農家は、一本一本すべての樹についてカルテを作成し、果実の収量品質から、観察した栄養状況まで記録している。一〇ha規模のニュージーランドの農園でも、樹ごとではないが小さな収穫区画ごとに品質や収量、秀品率などを記録し、次年度の管理に生かしている。管理だけでなく観察結果を記録することで、次年度の方針がより明確になる。

その4　せん定の強さ弱さを客観評価

　樹勢評価も難しいが、せん定の程度を客観的に評価することも難しい。でも方法はある。その一つが、棚面に基準区画をつくり、枝の量や果実の量などを実測する方法である。

　一例だが、棚面に二m×二mの区画を誘引用テープでつくり目印とする。一m四方では狭すぎてモデルになりにくい。

　区画を意識せず、せん定を行ない、残した枝の量や芽の数を数えて面積（右の例でいえば四㎡）で割ると、一㎡あたりの母枝密度や芽数がわかる。これを基準と付き合わせ、せん定の程度を確認する。その後、基準区画のせん定の状態を参考に、他樹でもせん定を行なうと誤差が少なくなる。表2―4に香川県におけるせん定後の母枝密度や残存芽数密度を示したので、参考にしてほしい。

その5　「カイゼン」方式のせん定効率化も

・最近はせん定作業が適期に終了しない

自動車の工場などで、製造ラインを一つひとつの動作そのもの＝「工程」に分解し、問題となる工程（ボトル

表2－4　成木のせん定程度　（香川県）

	中庸な樹勢 （樹体全体の平均新梢長1m程度）	強い樹勢 （平均新梢長1m以上）
1㎡あたり結果母枝数	3～4本	2～3本
結果母枝1本あたり芽数	3～5芽	7～10芽
1㎡あたり芽数	10～15芽	15～20芽

表2－5　せん定作業の工程分析　（末澤）

A：せん定前の作業	B：せん定の本来作業	C：せん定後の作業
①細い巻き付き枝を除去する ②誘引した紐を除去する	①長い枝を短く切り縮める ②側枝の更新や骨格枝の整理，結果母枝の切り返しと間引きを行なう ③残せない短果枝を基部からせん除する	①骨格枝を誘引する ②結果母枝を棚付けする ③ゆ合剤を塗布する ④散らばったせん定枝を集める ⑤せん定枝を束ねる ⑥園外に搬出する ⑦処理（焼却など） ⑧作業全体のチェック

ネック工程）を改善して、ライン全体の効率を向上させる「工程分析」という手法がある。この考え方でせん定作業を分析してみると、せん定が数多い工程や動作から構成されていることがわかる（表2－5）。

　これらの作業はふつう園主（大半は男性）がこなし、せん定枝の片づけ以降が家族の仕事となることが多い。

　しかし、最近はせん定が遅れ気味で、園主の作業スケジュールがきつくなっている。理由はキウイのせん定適期が短くなったせいである。以前は十二月初旬になれば完全落葉していたが、最近は温暖化で落葉が遅れ、お正月からスタートすることが多い。二月には樹液が動き始めるので、せん定できるのは一月いっぱいが限度となるからだ。せん定にはふつう一〇aで六〇時間程度かかる（悪天候のことも考えて約一〇日間）。一月いっぱいでこなそうとすると、三〇aが限界である。他の作物の管理作業が入ると、完全にオーバーしてしまうのだ。

　これを適期に遅れずにどうやってこなしていくか、というときに役立つのが工程分析という手法である。

・作業の重要度、優先順にしたがって分業

　まず、園主がしなければならない作業と、そうでない作業、適期がある作業と合間でもできる作業を区別する。

　一般に、せん定作業は表2－5のA①からC②までを同時平行的に行なっている。しかし、すべての作業を同じ一人の人間が行なわなければならないということはない。

誘引紐の除去や細い巻き付き枝のせん除は、まだ葉が残っている十二月中でも実施可能かもしれない。ミカンの収穫作業でパートさんを十二月中旬まで雇っていたら、もう一旬延長し、A①と②を年内にやってもらう。園主はBの①、②とC①を一連にやってしまえば、一〇aを数日で済ませることもできる。C②は、樹液が動き始める三月に行なうほうが枝が柔軟性に富み、効率がよい。

Cのその他の作業も、二月にやらなければならない作業ではない。この後のミカンのせん定の合間に片付ければよい。むしろ二月は、初旬にキウイの品種更新作業（高接ぎ）や、土壌改良のために時間を費やしたほうが経営全体としては有利だろう。

前出の二ha規模を栽培する専業農家では、せん定作業を分解、組み立て直し、「前処理」「本処理」「後処理」とチーム分けを行ない、人数配分を工夫してボトルネックをつくらずに作業を進めている。一〇a、二〇aの栽培規模でも、こうした作業工程を細かく見直すことで、ラクに適期に効率よく作業を進めることができる。

ちなみに、ニュージーランドでは新

写真2－7　ニュージーランドで検討されている新しい誘引せん定法

紐に自然に巻き付いて伸びていく新梢を翌年の結果母枝とする。今年利用した結果母枝はすべて基部からせん除する

写真2－8　側枝を短く維持した2本主枝ムカデ状の整枝（品種：さぬきゴールド）

梢の誘引と夏せん定、冬のせん定がもっとも労働力を使う作業であることから、この徹底的な省力化、標準化（誰でもできる作業）を目指した新しい仕立て方も検討されている（写真2―7）。日本でも、主枝に直接短い側枝や結果母枝を配置したムカデ状（肋骨状）の整枝が一般的になりつつあり（写真2―8）、せん定作業の簡便化が進められている。

既存の技術体系でも作業を一つひとつの工程に「分解」し、優先度を見ながら「組み立て」直していけば作業効率はアップできる。「カイゼン」活動は工場だけのものではない。

〈よくある失敗と思い違い〉

事例1　この枝はどこからきたのか？　切る枝、部位がわからない……

もっとも多いキウイのせん定の失敗例がこれである。結果枝を単純に切り返すだけだと、数年でこのようになる。古い枝の、先の、先の、先の、先に、小さな結果枝がちょこんと着いているだけとなったら、枝の古い部位から発生した突発枝まで思い切って切り返す（図2―7）。

事例2　いつのまにか亜主枝と主枝の太さが逆転してしまった！

キウイは根に近い部位から発生した枝が強く伸びる。主幹近くの亜主枝が強くなり、主枝先端が衰弱するのはキウイの特性である。しかし、樹冠外周部の果実と主幹周辺の果実とが大きさ・品質ともバラつくのは問題である。樹冠面積が大きいときは、亜主枝などをつくり、「返し枝」として主幹付近を埋めるとよい。主枝先端付近の枝と幹付近の枝は根からの距離が近くなるので、結局勢力が揃ってくる（図2―5）。

ただし、これは樹勢が強い樹体のば

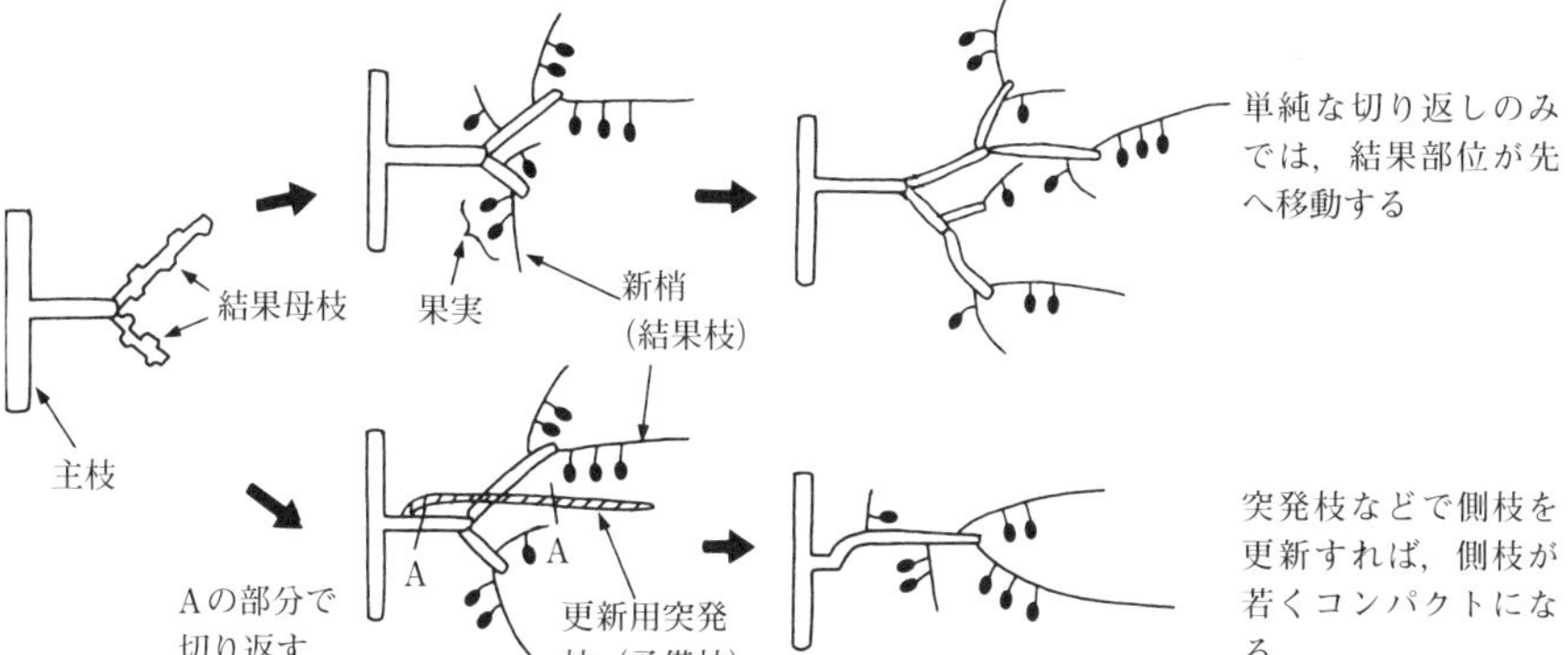

図2－7　側枝更新のテクニック

あい。樹勢が弱ってきたら、返し枝などをつくる余裕はなくなる。衰弱した主枝そのものを切り返し、樹冠を小さくして周辺部の新梢勢力を強化するほうが現実的である。

事例3　まだせん定中なのに樹液がポタポタ出始めた！

前に述べたように温暖化が進み、十二月に入っても落葉しない年が多くなってきた。春の訪れも早く、二月中旬には根が動き始める。せん定中に樹液が流動し始める年もある。最近、せん定の適期が短くなってきたように感じている人は多いと思う。

対策は、まず早めにせん定を始めること。巻き付き枝の除去や粗せん定は、多少葉がついていても十二月中にはすませる。本格的な鋸を使ったせん定は厳寒期の一月下旬までに終わらせる。結果母枝の棚付け（誘引作業）は二月からでもOK。このときにせん定の手直しを行なうが、切り口の小さいハサミでのせん定なら多少樹液が出てきても問題はない。

事例4　よい結果母枝とはどんな枝か？　母枝ごとの切り返しの程度がわからない。

強い枝を結果母枝にするばあいは、切り返しを弱くして長めに残す。逆に弱い枝を結果母枝とするばあいは、強く切り返して短く残す。

結果母枝として適当なのは、基部直径で一〇～一五㎜程度の枝。日光を十分に浴びて、毛じが少なく、つやがあり、節間が短くて芽の膨らみが大きく、髄が小さいものがよい。強すぎる枝は奇形果が多かったり、枝そのものの充実が悪かったりするので、基部径が二〇㎜を超える徒長的な枝は、母枝として適当でない（写真2―9）。

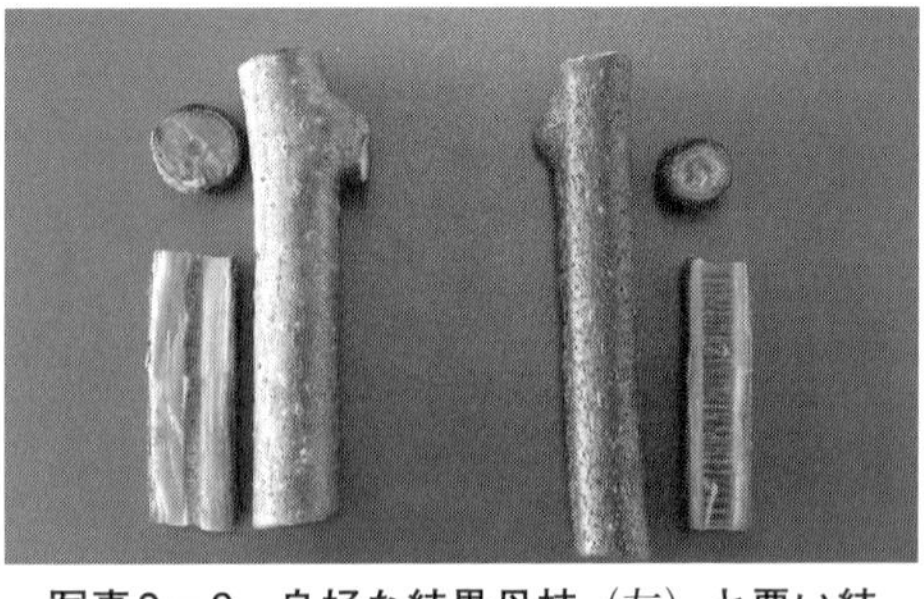

写真2－9　良好な結果母枝（左）と悪い結果母枝

芽の膨らみ，表皮の毛じ，髄の太さなどが異なる

大玉果実は強い結果枝にしか着生しない。弱い枝からは強い新梢は出ないので、長さが三〇㎝以下の弱い枝は結果母枝としては使わないほうがよい。

事例5　黄色系キウイもヘイワードと同じせん定でよい？

ヘイワードや香緑など果肉が緑色の *A. deliciosa* 種と、さぬきゴールドやレインボーレッド、アップルキウイといった黄色系キウイ（*A. chinensis*）とは枝の発生の仕方がかなり異なる。

　まず発芽率が違う。黄色系キウイが全体に八～九割の芽が発芽するのに対して、緑色系キウイは多くても七割程度しか発芽しない。またヘイワードは長果枝、中果枝、短果枝とさまざまな枝が発生するが、レインボーレッドなど黄色系品種は、母枝先端の新梢は長く伸びるが、それより基部で発芽した枝はごく短い短果枝となることが多い。

　以上から、黄色系キウイのせん定は、目標とする果実が小玉でもOKなら、短果枝を数年使用してもよいが、大玉をねらうなら短果枝は更新し、毎年強い結果母枝のみを残すようにする。そこで結果母枝基部から発生する強い枝や予備枝、突発枝を意識的に残し、この枝を切り返して母枝とする。短く止まった短果枝は、翌年それ以上強い結果枝を発生させない。このような枝を多く残すと、果実は年々小玉傾向になる。

事例6　いつでも間伐できると思っているうちに、気がついたら園が込んでいた……

　計画密植しているばあい、いつ間伐をするかは、なかなか難しい判断である。

　樹勢が強く、枝が強く伸びる樹体では、初結果直後でも間伐を視野に入れた管理が必要となる。そのばあい、間伐樹を伐採しても園地の果実生産が大きく減少しないよう、また永久樹の樹冠を一気に拡大させて地上部と地下部のバランスを崩し樹勢を急激に低下させないように、計画的な間伐や縮伐を行ない、永久樹の主枝先端の向きや強さの確保に留意する。

　樹勢が思ったほど強くなく、棚が新梢でカバーしきれないばあいもある。そのときは補植を行なう。しかし、一〇a三三本植えで園地がカバーできないのは、土壌の問題を抱えていることが多い。整枝せん定での対応だけでなく、客土や暗渠、排水溝の設置といった土壌改良や排水性の改良などの抜本的対応を考える。

5 樹勢衰弱の発生と対策

●立枯病、枝枯れ症の発生

　現地で多い樹勢低下は排水不良園地や地下水位が高くなる場所でよく発生する。キウイの根は果樹の中でも耐水性がとくに弱く、わずか五日程度の湛水で根腐れが発生する。

　愛媛県で行なわれた立枯れ樹の調査

によると、「台風の襲来や連続降雨など、近年の異常気象による長期間の停滞水で根の枯死を招くとともに、ピシウム菌の密度も同時に高まった結果、主幹や根幹部などの樹の重要な部分に激しい腐敗が引き起こされ立枯病の発生につながった」とされている（三好ら）。

また最近、春先に樹冠の一部で発芽不良や、葉が椀状に巻いてクロロシス状態で発芽する枝が多い。枝に枯れ込みが入ったところから先で、こういった症状が発生する（写真2—10）。この枯れ込みの部位から果実軟腐病菌のホモプシス菌などが分離され、「キウイ枝枯れ症」として報告されている（衣川）。樹勢低下でせん定部位のゆ合が悪くなりつつあり、枝の髄などから形成層に病原菌が入り（写真2—11）、発芽した枝に障害が発生しているものと考えている。

写真2－10　発芽時期の枝枯れ症

●亜主枝や主枝で樹の健康度チェック

このように樹勢が衰弱してくると、よく亜主枝や主枝の背面（上側）が枯れ込んでくる。原因の一つは日焼けによる高温障害（写真2—12）、もう一つは、前述した枝枯れ症状の進行である。

写真2－11　幹内部の枯れ込み　（衣川　勝撮影）

突発枝は主枝や主枝の上側から発生することが多いため、そこには数多くのせん定痕が存在する。そこから枝枯れが発生し、進行することが考えられる。せん定痕、大きな切り口のゆ合が悪くなったら（写真2—13）、樹勢低下のサインと見て、根の健全度のチェック、突発枝の確保、着果量の制限など早めの対応を行なう。

筆者は、主枝上側の陽光面を手で触ってみて、温度が高いか高くないかを観察している。樹勢良好で健康な樹の陽光面温度はあまり高くなく、衰弱している樹体の同じような部位の温度は高いように感じている。

●太枝を更新し、切り返しを強めて樹勢を強化

樹勢衰弱樹は根量が大きく低下している。根量が減少すると枝は短くなり、その発生も減る。

ニワトリとタマゴの関係のようであるが、樹勢回復にはまず強い枝を発生させるせん定が重要である。

根を増やすには、まず結果母枝の切り返しを強くして、枝の強さを確保することである。ふだん三～四芽で切り返しているのを、もう一芽強く切り返すようにする（一母枝二～三芽に）。短果枝は結果母枝としては利用せず、基部からせん除する。ムカデ状整枝で母枝を長くおくばあいも、可能な限り強い母枝を選び、切り返しは強めに行ないたい。

樹冠外周部の衰弱した部位を思い切って切り返すことで、新梢伸長の勢いが取り戻せる。突発枝も増加する。この突発枝を利用してさらに亜主枝や側枝を更新したり、コンパクトにすることで、樹冠の若返りができ、発根量が

写真２－12　主枝の日焼け被害

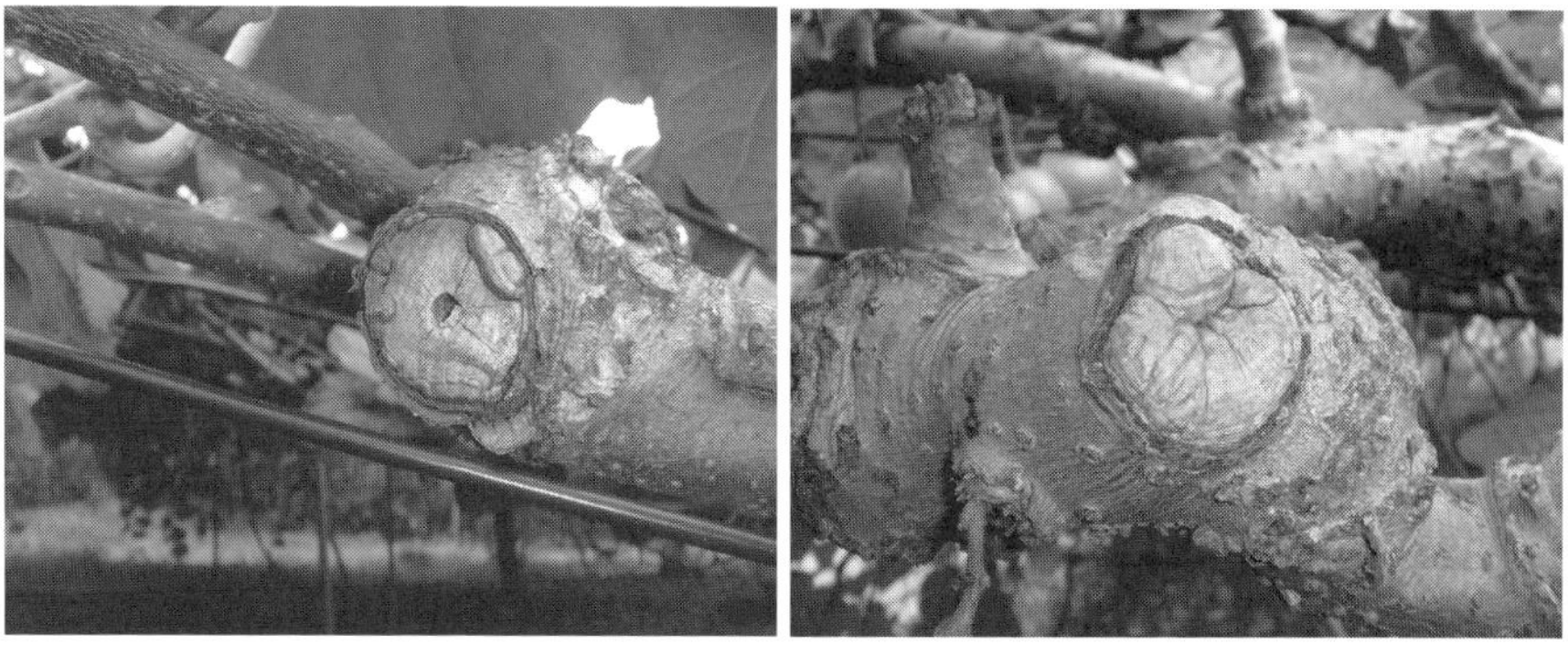

写真２－13　樹勢低下で，せん定切り口のゆ合が悪くなった状態（左）
右は，樹勢が維持されており，切り口のゆ合が良好

増える。また枯れ込みの入った太枝は、被害部位から基部までさかのぼって切り返す。

結果母枝の本数を制限し、葉の日あたりをよくすることで光合成は活発になり、夏季の落葉が減少する。土壌や根に原因があるばあいは、以上のような反応が期待できないこともあるが、樹勢衰弱が気になりだしたら早めに実行したい。

なお、せん定に限らず、果実の着果制限は樹勢回復に有効なので、衰弱樹の摘果は強めに行なう。

6 この時期の病害虫防除

●休眠期の防除は、園内の清掃から

休眠期の防除でもっとも重要なことが、園内の総合的な清掃である。

キウイ果実軟腐病の菌はせん定枝、樹皮下、収穫後の果梗枝の枯れ込み部位などに潜んでいる。このような潜伏先をていねいに除去することが、もっとも重要な耕種的防除となる。

せん定後の園内清掃作業は具体的には以下のように進める。

①せん定枝は必ずもち出し、処分する。畑で伏せ焼きして炭にし、園の土壌改良に利用したり、チッパーで粉砕して堆肥にしてもよい。

②樹皮はできればバークストリッパー（果樹皮剥ぎ機）などで軽くむいてやると、防止効果が高い（写真2―14）。

③収穫後の果梗枝が残っているばあいは、母枝の誘引段階で必ず除去する。せん定痕はゆ合促進剤で保護する。

④落葉は焼却あるいは埋設処分する。

写真2－14　バークストリッパーによる樹皮剥ぎ　（衣川　勝撮影）

●石灰硫黄合剤とマシン油乳剤

地域の防除暦を参考に、休眠期の防除を行なう。香川県では、カイガラムシ類の防除を目的に二月に石灰硫黄合剤の散布を行なっている。

クワコナカイガラムシなどが多発しているばあいは、休眠期の防除がとくに重要で、マシン油を散布して一月以上経過したのち、石灰硫黄合剤を追加散布する。

（末澤克彦）

第3章 発芽から開花・結実期の作業

1 春先の枝管理

●発芽期の芽を傷付けない

キウイフルーツの発芽は、品種や栽培地域によって前後するが、だいたい三月下旬から四月上旬にかけて、まず露出している芽の毛じが膨らみ、次いで、中の緑色部が展葉するかたちで行なわれる（写真3―1）。

発芽する前の芽の形状は、品種によって大きく異なり、ヘイワードなど緑色系品種は芽の露出が小さいが、アップルキウイなど黄色系品種は露出が大きい傾向にある（写真3―2）。黄色系品種は芽が傷付きやすいので、注意が必要である。

写真3－1　発芽の状況（品種：さぬきゴールド）

写真3－2　黄色系品種（左，アップル）と緑色系品種（右，ヘイワード）の芽の違い

●発芽の早い品種に大事な晩霜対策

春先、もっとも警戒が必要なことは晩霜である。発芽する前の降霜は、芽全体がリン毛で覆われ、低温の抵抗力も高いため、まったく問題はない。しかし発芽・展葉後は、芽の耐凍性が急激に低くなり、降霜で芽は凍死し枯れ込む。そこにふたたび新梢が発生するが、この新梢に花は着生しない（写真3―3）。つまり、晩霜の被害程度によっては収量が大きく左右され、致命的な障害となりやすい。とくに、発芽の早いレインボーレッドなどの黄色系キウイ品種は、晩霜に遭遇しやすいので、注意が必要である。

とはいえ、キウイフルーツは露地で栽培されるため、晩霜を防止する決定的な方法はない。園地の通風を良好にし、少しでも冷気の停滞を防ぐなどの

幼木の仕立てと芽かぎ処理

①一年生の芽かぎ

苗木は約四〇cm程度で切り返して植えられており、四月上旬になると各節から発芽してくる。その芽が約五～一〇cm程度になった時期に、上部の新梢を三本選び、それ以外の芽をかぎ取る（写真①）。このタイミングが早すぎると、きれいに芽を除去することができず再発芽させてしまう。再発芽してきたらふたたび芽かぎする。残した新梢が一五cm程度になったら、三本の新梢のうち、よく伸長する一本を支柱に誘引し、他の二本は一〇cm程度でカットする（写真②）。この二本は、新梢が欠損したときのバックアップが目的なので、副梢が発生してきたら二芽程度残してカットする。

棚上まで新梢が伸長したら棚に沿うように随時誘引し、主枝の骨格をつくる。このとき、生育良好な樹は棚下約三〇cm付近に発生する副梢を第二主枝候補

写真①　一年生の芽かぎ

写真②　よく伸長する１本を支柱に誘引し，他の２本の新梢は10cm程度でカットする

写真③　棚下約30cm付近に発生する副梢を第二主枝候補とする

対策を行なう。近年は地球温暖化の影響で春季も暖かく、晩霜の被害も少なくなってきているが、まだまだ油断はできない。

●芽かぎ

①一㎡あたり一〇～一五芽に調節

芽かぎは、貯蔵養分の消耗を防ぎ、

写真3－3　霜害後，再発芽した新梢（品種：香粋）
花蕾の着生が見られない

とし、支柱やマイカー線などに誘引する（写真③）。

なお、長いタケなどを支柱として用い、新梢を棚上まで一直線に伸長させると、副梢の発生が抑制され、早期の樹冠拡大が可能となる（写真④）。タケの長さまで新梢が伸長したら、新梢の一部を棚に沿わせ、タケを移動させて同様に新梢先端を棚より上部で伸長させる（写真⑤）。

②二年生の芽かぎ

二年生の新梢管理は、植え付けた一年目の伸長状況によって変わる。

一年目に生育が良好で主枝を二本つくれた樹は、強勢になりやすい主幹部と主枝分岐部三〇cm程度の芽をかぎ取り、それ以外の芽は残し、樹冠の拡大を図る。

一年目に生育不良で主枝を一本しかつくれなかった樹は、第二主枝候補とする棚下約三〇cm付近の芽と、主枝先端付近の芽以外はすべてかぎ取る（写真⑥）。

写真④　長いタケを利用した仕立て
早期の樹冠拡大が可能

写真⑤　新梢伸長に合わせてタケを移動させる

芽かぎ前

芽かぎ後

写真⑥　二年生の芽かぎ
1年目に主枝を1本しかつくれなかった樹

棚面の明るさを適正に保つために行なう。

時期は、新梢が二〜三cm程度になって着蕾が確認できる四月上〜中旬に、直上芽や不定芽、不着花枝を中心にかぎ取り、一㎡あたり一〇〜一五芽に調節する。晩霜や強風の影響を受けやすい園地では、被害を想定して基本芽数より二〇%程度多めに残し（一㎡あたり一二〜一八芽）、被害の恐れがなくなり次第再調整する。

突発枝の発生しやすい主枝・亜主枝の背面（写真3―4）や分岐部などは、春先に限らず生育期間をとおして見回り、不要な突発枝は見つけ次第かぎ取る。ただし、不定芽、不着花枝でも側枝の更新に利用できそうなものは残しておく。七〜八年生ぐらいまでの樹であれば、樹勢が旺盛で新梢の発生も多いため、側枝の更新はあまり気にしなくてもよいが、樹齢が進むにつれて徐々に不定芽などの芽が発生しなくなる。更新用の芽が発生していたら積極的に利用する。

写真3－4　主枝背面から発生した突発枝

②黄色系品種で大事な母枝基部の芽かぎ

近年導入が進む黄色系品種は、ヘイワードなどの緑色系品種にくらべ発芽率が高く、結果母枝の約八〇%が発芽する（写真3―5）。また、頂芽優勢性も比較的強く、母枝先端付近の芽はよく伸長するが、基部では一〇cm程度の短い枝になりやすい。短い枝は葉面積が少なく、光合成産物が十分でない。そのため、果実はほとんど着生できない。また短い枝が密集して過繁茂になり、棚面を暗くしてしまう。

黄色系品種は、養分の浪費を防ぎ過繁茂を避けるために、結果母枝の基部付近の芽かぎがとくに重要だ。

●捻枝

捻枝とは言葉のとおり、枝（新梢）を捻ることである。捻枝の目的は、たんに新梢を方向づけて誘引するだけでなく、強勢な枝を落ち着かせる役割もある。

棚に対して水平に伸長する新梢は、捻枝の必要性はないが、そのような枝

写真3－5　黄色系品種のほうが発芽率は高い
左は緑色系品種（香緑），右は黄色系品種（さぬきゴールド）

は少ない。直立する枝や斜めに伸長する枝を強引に棚付けすると、湾曲したり、かげ落ちしたりする。こういう枝を棚付けするばあいに、捻枝してから誘引する。

　捻枝のやり方は、右利きの人は左手で新梢の捻りたい部分を固定し、右手で左手でもったところより二節程度先端を回転させるように捻る（写真3―6）。捻るのはたいてい新梢の基部だが、長い枝のばあいは二～三カ所に分けて行なうとラクにできる。

　なお、硬くなった新梢を手で捻枝することは非常に難しい。そのばあいは捻りたい部分にナイフなどで縦に切れ込みを入れてやると容易にねじることができる（写真3―7）。

写真3－6　新梢の捻枝は一方の手で基部を固定し，他方の手で捻る

写真3－7　硬くなった新梢には縦に切れ込みを入れるとよい

●新梢の誘引

新梢の誘引（棚付け）は、枝折れ防止や葉の受光効率を高めるために行なう。キウイフルーツの新梢は四月下旬〜五月にかけて急速に伸長する。新梢が長くなると、風によるかげ落ちが多くなるので、テープナーなどの結束機を用いて棚に誘引する。

誘引の一回目の適期は、新梢が長さ一五〜二〇cm程度の頃で、新梢基部がある程度硬くなり、捻枝すると「カチッ」という音がする時期である。この時期が早すぎると新梢が軟らかくて破損しやすく、遅すぎると硬くなり捻枝に苦労するので、適期を逃さないようにする。二回目以降は、六月から一カ月一度のペースで、新梢の伸長にあわせて長くなった枝を随時棚に誘引する。

棚付けでは、新梢の伸長した部分をすべて結束するのではなく、斜め上向きに伸びるよう、先端を残して結束する。こうすることで樹勢維持が図られ、枝の巻き付きもある程度抑えられる。

また、黄色系キウイは、緑色系キウイにくらべて新梢が折損しにくく、初期の新梢伸長が劣る。そこで黄色系と緑色系の両方の品種を栽培しているばあいは、緑色系品種を優先して誘引するようにする。

●摘心

キウイはツル性植物であり、旺盛な新梢はいつまでも伸長を続ける。摘心は、新梢の巻き付き防止と充実を図るために必要な作業である。

摘心は、新梢先端の未展葉部分を軽く摘み取る方法が理想であるが、作業が遅れたときなどは新梢先端から二〜三節戻って摘心してもかまわない。

樹勢が強い長果枝は一m以上伸長し、ほかの枝に覆いかぶさって受光環境を悪くし、樹体の生長バランスを崩す原因となる。そのため、摘心は遅れないよう六月中〜下旬から行なう。摘心後に発生する副梢についても強く伸長するようなら、随時摘心する。中果枝や短果枝など五〇cm未満の新梢は自己摘心するため、摘心の必要はない。

梅雨明け以降になると、中庸な結果枝は新梢の伸長が緩慢になり、先端部が棚に巻き付き始める。軽く摘みとっておくと、せん定時の作業が容易になる。

黄色系品種は緑色系品種にくらべて開花期以降の新梢伸長が旺盛で、いつまでもダラダラと伸びる。また、母枝基部の新梢は短くなりやすいが、先端部付近では、数多くの副梢を発生させ、棚の小張線やほかの新梢などに巻き付きながら伸長し、過繁茂を助長する。黄色系品種では摘心はとくに重要である。

●キウイ枝枯れ症に注意

発芽後に樹冠の一部で葉が萎縮し、クロロシス状態になる現象（写真3―8）が各地で確認されている。これはキウイ枝枯れ症で、第2章五一ページで紹介した。

この症状については二通りの事例があり、一つはそのまま樹勢が衰弱して枯死するタイプ、もう一つは、開花後急激に新梢伸長が旺盛になり回復するタイプである。二つの違いは、樹勢と病菌であるホモプシス菌の枝幹の被害程度の差である。特有の症状が樹に現われたら、樹勢回復を最優先に考え、負担のかかる花蕾はすべて除去する。また、秋以降も同じ症状が続くようなら、その部分はあきらめてせん定時に除去する。こうした対策を講じても、樹勢が回復せず枯死するばあいもあるが、できる限りの対策は実施すべきである。

写真3－8　葉が萎縮するキウイの枝枯れ症

〈よくある失敗と思い違い〉

事例1　更新用の不定芽がちっとも確保できない……

樹齢が進んだ園で、太枝や徒長枝などを付け根ぎりぎりでせん除しているのをよく見かける。太枝などを除いた痕は目立たなくしたほうがよいということのようだが、そうした園地では不定芽の発生が少なく、更新用の芽がうまく発生しない。じつは、太枝などを付け根からきれいに除いてしまうと、その部分からの新梢発生がほとんど見込めない。逆に、基部付近を少し残してやると、陰芽が発生しやすく、更新用の枝に利用できる芽が多くとれる（写真3―9）。多少樹形は不恰好にな

写真3－9　基部付近を少し残して切ると陰芽が発生しやすい

るが、徒長枝、太枝などは基部一cm程度を残してせん除する。

事例2　収量が少ないが……毎年、強風で新梢が折れて

新梢がようやく誘引できるかできないかという時期に、突発的な強風がよく吹く。この強風で誘引できていない新梢が折れて、結果枝が足りず、収量が出ないという人がいる。毎年、強風による枝折れ被害がある園地は、防風垣やネットなどの対策を講じることはもちろん、被害を想定して基本とする結果母枝数より二〇％程度多めに残しておく。被害があればこれで収量ロスを補える。被害がなければ、枝折れの恐れがなくなり次第、母枝ごと除去する。篤農家ではすでに実施されている事前対策である。

写真3－10　捻枝の失敗による新梢の欠損

事例3　捻りすぎてはいけないと思い、片手で捻枝していたが……

捻枝の失敗は、初心者では、枝を捻る際に固定する手（右利きなら左手）を離したため、枝の基部がかげ落ちる例が多い（写真3―10、3―11）。失敗しないコツは、固定する手を枝から絶対に離さないことである。手を離さずに枝をもっていると、新梢を捻りすぎて破損する恐れはあるが、基部からかげ落ちることはない。新梢の破損は、破損箇所より手前の部分は生き残り、そこから新たな枝が発生する。しかし、基部からかげ落ちるとそこから新梢は発生しない。つまり、捻り過ぎるより固定する手を離すほうが、損失が大きい。

写真3－11　かげ落ちた新梢基部

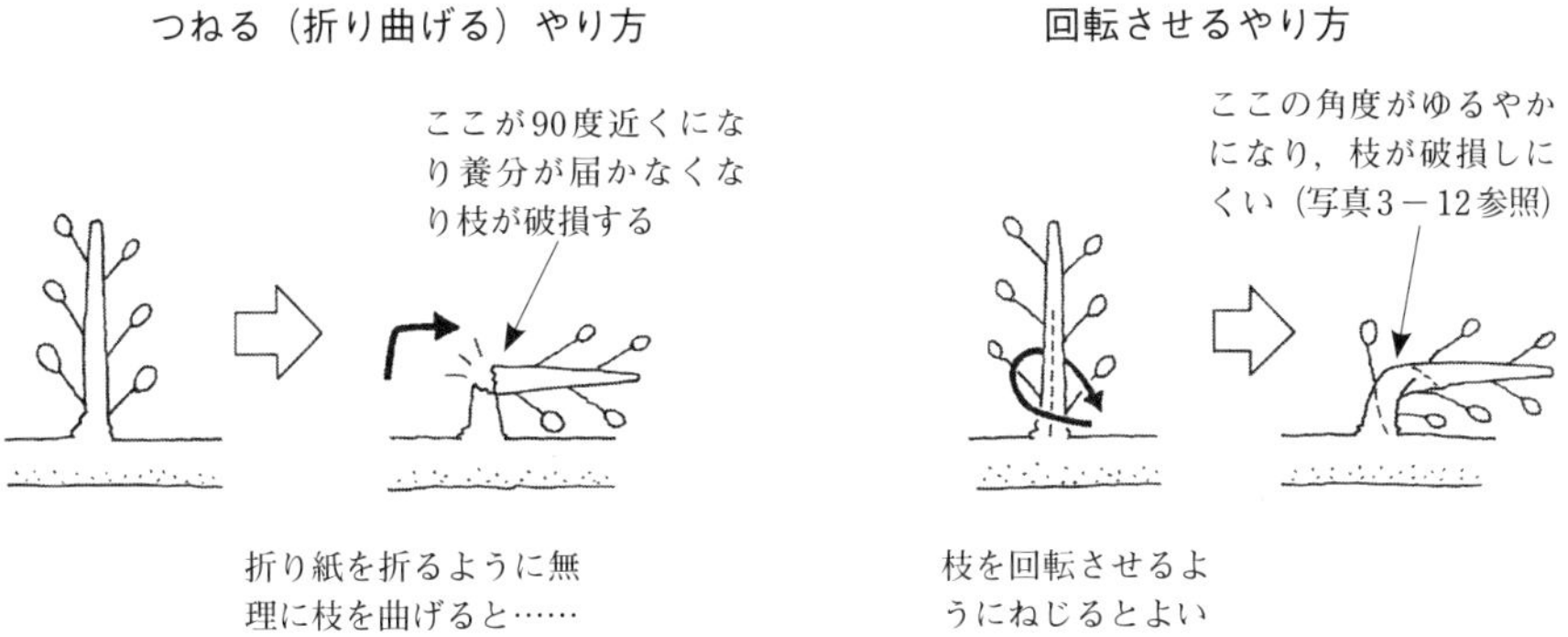

つねる（折り曲げる）やり方
ここが90度近くになり養分が届かなくなり枝が破損する
折り紙を折るように無理に枝を曲げると……
回転させるやり方
ここの角度がゆるやかになり，枝が破損しにくい（写真3－12参照）
枝を回転させるようにねじるとよい

図3－1　捻枝はつねるのでなく，回転させる

写真3－12　回転させるように捻るのがうまい捻枝のやり方

また、枝の捻り方は回転させるように捻ることである。よく枝をつねるように捻る人がいるが、その人の園地では新梢の破損が多く見られる。新梢をゆっくりと回転させるように捻ることで、捻り過ぎや新梢破損を防ぐことができる（図3—1、写真3—12）。

事例4　誘引が下手で新梢が折れやすい。

「誘引すると枝が折れてしまう」という連絡を何度かうけたことがある。捻枝の失敗、誘引時期が早すぎる、結束箇所が悪いことが原因として考えられる。

誘引時期が遅れると、強風で枝が折れる確率が高くなるので、少しでも早く……という気持ちはよく理解できる。しかし、新梢長が短い時期の誘引は、かえって枝折れや新梢破損を招きやすいので、時期を遅らせることが大事だ。どうしても誘引を行なうばあいは、慎重にし、無理な捻枝や誘引は行なわない。

また、誘引を新梢先端付近の一カ所で結束する人がいる。初心者やブドウ栽培の経験者に多い。先端付近を結束すると新梢が弓状になり、ひどいばあいは半分に折れる。できるだけ新梢基

部を結束する。

捻枝については前述したとおりである。

2　着花調整と受粉作業

●黄色系品種は花数が多く、節間も短い

キウイフルーツは、第1章で説明したように緑色系品種と黄色系品種に大別される。黄色系品種は、緑色系品種にくらべて一新梢あたりの花穂数と一花穂あたりの側花数が多く、一〇aあたり着花数が多くなる（表3—1）。また黄色系品種は、開花までの新梢伸長が遅いため、節間が短くなる特性がある。

●摘蕾の大きな効果

キウイは、特別なばあいを除き、受粉が完全に行なわれれば生理的な落果はきわめて少ない。逆にいえば、貯蔵養分の消耗を防ぎ、果実の初期肥大を促進するうえで摘蕾の効果が高い。

摘蕾は、開花二週間〜一週間前に、蕾の形を確認しながら正常な花蕾を残す。側花蕾も同時に除去し、開花までに三〇〜四〇花蕾／㎡程度に整理する。結果枝単位では、短果枝で一〜二花蕾、中長果枝で三〜四花蕾とする（表3—2、写真3—13）。

なお、黄色系品種は緑色系品種にくらべて着蕾数が多いので（前述）、養分の浪費を軽減するために摘蕾作業はとくに重要である。

表3—1　種別の着花量の概算

種	1新梢あたり花穂数	1花穂あたり側花数	10aあたり着花数
緑色系キウイ	4〜5	1〜2	10〜12万
黄色系キウイ	6〜8	2〜3	15〜16万

表3—2　摘蕾時の新梢状況と新梢あたりの摘蕾基準

	摘蕾時の新梢状況			
	弱い	中庸		強い
最終枝長	〜10cm	〜30cm	〜90cm	90cm〜
着蕾数/枝	0〜1蕾	1〜2蕾	2〜4蕾	3〜4蕾

●優良な受粉樹を選ぶ

①おもな雄品種は三つ

キウイフルーツは雌雄異株で、受粉の良否が生産量や果実品質に影響するため、優良な雄品種の選択が必要である。

従来は、ヘイワードなどの緑色系品種が主流で、雄品種は同種の「マ

ツア」もしくは「トムリ」を植えていれば開花時期が合い、受粉が可能で

写真3－13　短果枝なら1～2花蕾，中長果枝は3～4花蕾に調節

表3－3　種別の受粉用品種

種	倍数性	おもな品種	おもな受粉用品種
黄色系キウイ	2倍体	レインボーレッド，ホート16A	レインボーレッド専用雄貯蔵花粉，輸入花粉
	4倍体	ゴールデンキング，アップルキウイ，さぬきゴールド	孫悟空，貯蔵花粉，輸入花粉
緑色系キウイ	6倍体	ヘイワード，香緑	トムリ，マツア，輸入花粉

あった。しかし黄色系品種の開花時期は、マツアなど一般の雄品種より一〇～一五日程度早い。そのため、「孫悟空」など開花期の早い雄品種（*A. chinensis*）を導入する例もある（表3—3、図3—2）。

キウイの雄品種は、種苗業者によってさまざまな系統が流通しているが、おもなものは孫悟空、マツア、トムリの三品種である。

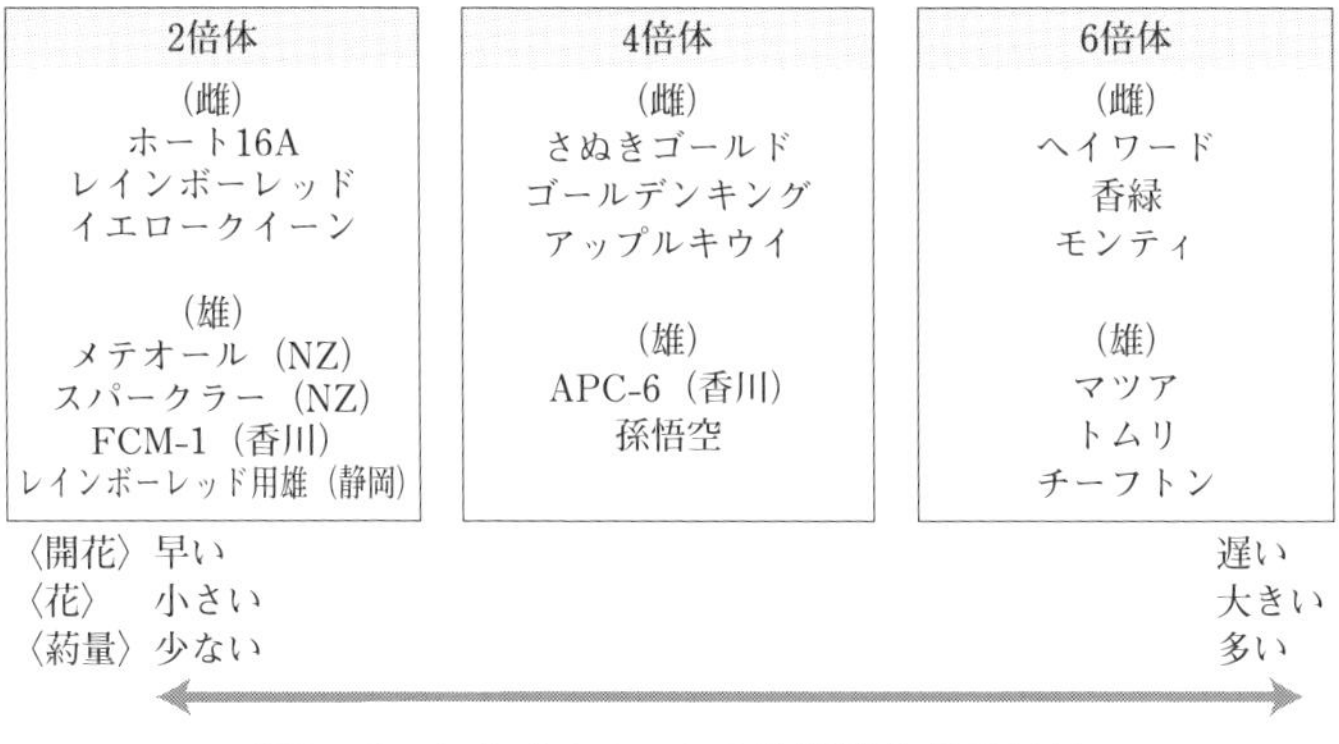

2倍体
（雌）
ホート16A
レインボーレッド
イエロークイーン
（雄）
メテオール（NZ）
スパークラー（NZ）
FCM-1（香川）
レインボーレッド用雄（静岡）
4倍体
（雌）
さぬきゴールド
ゴールデンキング
アップルキウイ
（雄）
APC-6（香川）
孫悟空
6倍体
（雌）
ヘイワード
香緑
モンティ
（雄）
マツア
トムリ
チーフトン
〈開花〉早い
〈花〉小さい
〈葯量〉少ない
遅い
大きい
多い

図3－2　キウイフルーツの倍数性と花の特性

マツアとトムリは、ヘイワードなどの緑色系キウイの受粉樹として代表的である。西南暖地での開花期は、両品種ともに五月中～下旬だが、トムリよりマツアのほうがやや早い。花穂の着生数は、マツアで約八節、トムリは約

五節と、マッアが多い。逆に一花穂あたり花蕾数では、マッア約三個、トムリが約五個と、トムリのほうが多い。

花穂の形は、マッアは散開であるがトムリは群集するため、花蕾はマッアのほうが取りやすい。花蕾の大きさは、マッアのほうが大きい。一〇花蕾あたり花粉重は変わらないが、総花蕾数はトムリのほうが多い。このため、総花粉量はトムリのほうがやや多い。

一方、孫悟空は、「ゴールデンキング」などの四倍体黄色系キウイの開花期に適合した雄品種である。開花期は、香川県では五月上～中旬である。一花穂あたり三～五個の花蕾が着生し、花穂は群集する。花蕾は、マッアなどにくらべて小さい。また、一〇花蕾あたりの花粉重は約三〇mgと少なく、マッア、トムリの約半分である。花粉を採取するにはやや効率が悪い。

②黄色系品種の花粉品種は？

ヘイワードなどの緑色系キウイでは同種のマッアやトムリを受粉に用いるが、黄色系キウイでは、交配特性が明らかにされていないばあいが多く、現在、研究が進められている。

片岡らは、「レインボーレッド」など二倍体の赤色果肉系品種は、果実肥大に同種の受粉が適し、マッアの花粉では種子の発達が不良となると報告している。

また、筆者は二倍体の「ホート16A」（ゼスプリ・ゴールド）の種子がニュージーランド産は全体的に黒色の種子が多く、国内産は赤褐色の種子が多いことを確認しているが（写真3－14）、これには、受粉した花粉の種類が影響していると考えている。黄色系キウイの最適な花粉種については、今後の研究に期待したい。

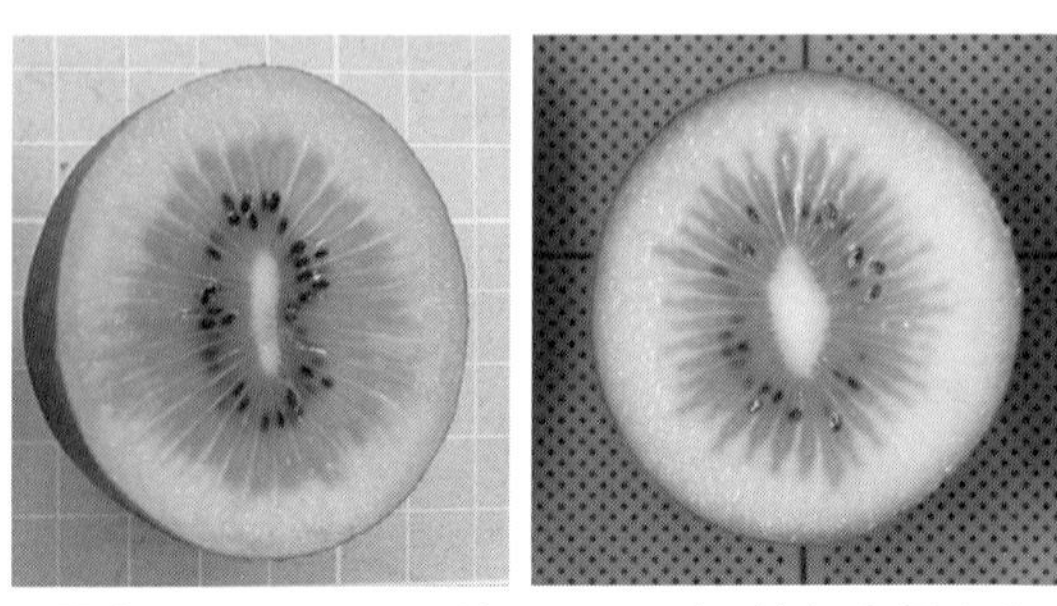

写真3－14　ニュージーランド産（左）と国内産（右）のゼスプリ・ゴールド果実の違い（種子の色が異なる）

●人工受粉

①自然受粉では果実が揃いにくい

キウイは、雄樹を混植していれば自然に受粉し結実が見られる。しかし、訪花昆虫を遮断した条件で雄樹からの距離が遠くなるとまったく結実しないことから、風媒による受粉はほんのわずかで、自然受粉はミツバチなどの虫媒が主体と考えられる（表3―4）。

自然受粉は、開花期の天候（低温、雨、風）に影響を受けやすく、受粉にムラが出て果実は小玉で不揃いになりやすい。また、キウイは種子数が多いほど果実が大きくなるが、正常な肥大が行なわれるためには、六〇〇～一三〇〇個の種子が必要である（写真3―15）。高品質の大玉果実を生産するには、人工受粉がもっとも確実である。

②花粉の採取、貯蔵

花粉の採取にはまず、開花直前から当日開花した花を採取し、採葯器などで葯を集める。葯は二五℃程度で一昼夜開葯させ、ふるいなどで花粉を精選する（写真3―16）。精選花粉は、薬包紙に小分けして包み、乾燥剤を入れた茶筒などに密封して五℃の冷蔵庫で保存する（写真3―17）。翌年に花粉を利用するばあいは、マイナス二〇℃（家庭用冷凍庫など）で貯蔵する。

また、輸入花粉や貯蔵花粉の解凍方法は図3―3のとおりである。解凍の際には、シリカゲルなどの乾燥剤を用い、急激な温度変化を避けて、花粉が吸湿しないようにする。

表3－4　雄樹からの距離が結実に及ぼす影響　（福田, 2007, 品種：香粋）

試験区		着花穂率[x]（％）	結実率[x]（％）
訪花昆虫[z]	雄樹からの距離[y]（m）		
遮断	5	13.6	3.3
遮断	8	3.6	0.6
遮断	13	2.0	0.4
遮断	18	0.0	0.0
開放	5	95.7	62.3

z：養蜂家によるミツバチの巣箱を試験地より約500mの地点に設置
y：雄樹は受粉用雄系統APC-6
x：各区20結果枝による調査。花蕾は無摘蕾とした

写真3－15　自然受粉による着果状況

品種：香緑。ラベルが自然受粉果実。断面を見ると，自然受粉（左）は種子が極端に少ない，右は人工受粉

①開花直前から当日開花する花を採取する

②採葯器で葯を採取する

③採取した葯をふるいにかけ，花びらや不純物を取り除く

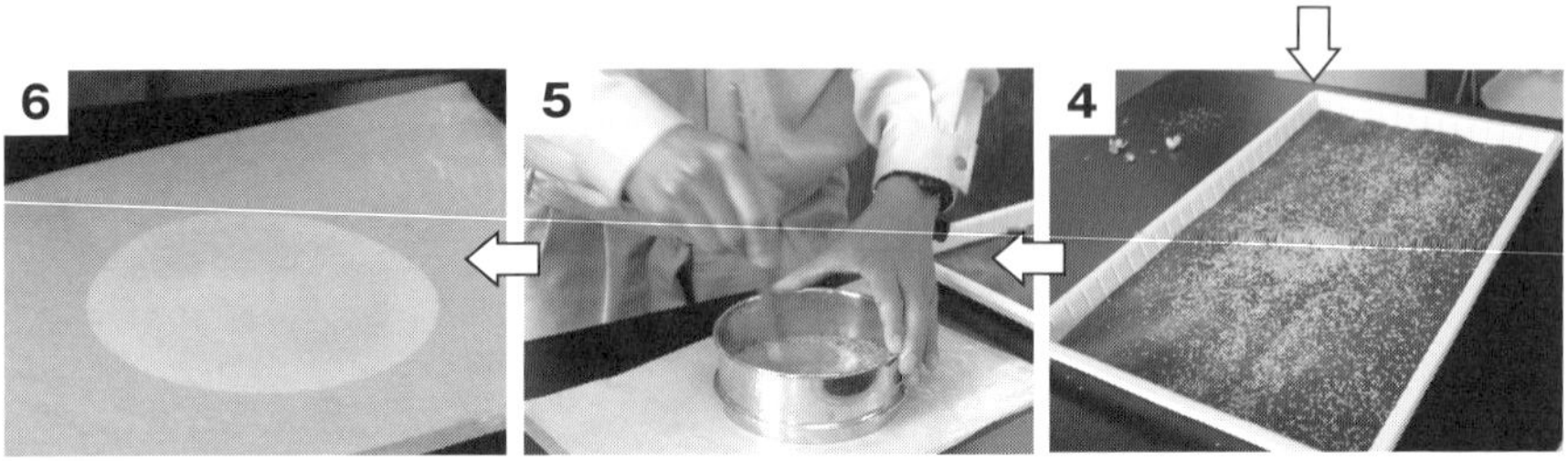

⑥精選された花粉

⑤ 80 ～ 100 メッシュのふるいで花粉を採取する

④常温で一昼夜開葯させる

写真3－16　花粉の採取方法

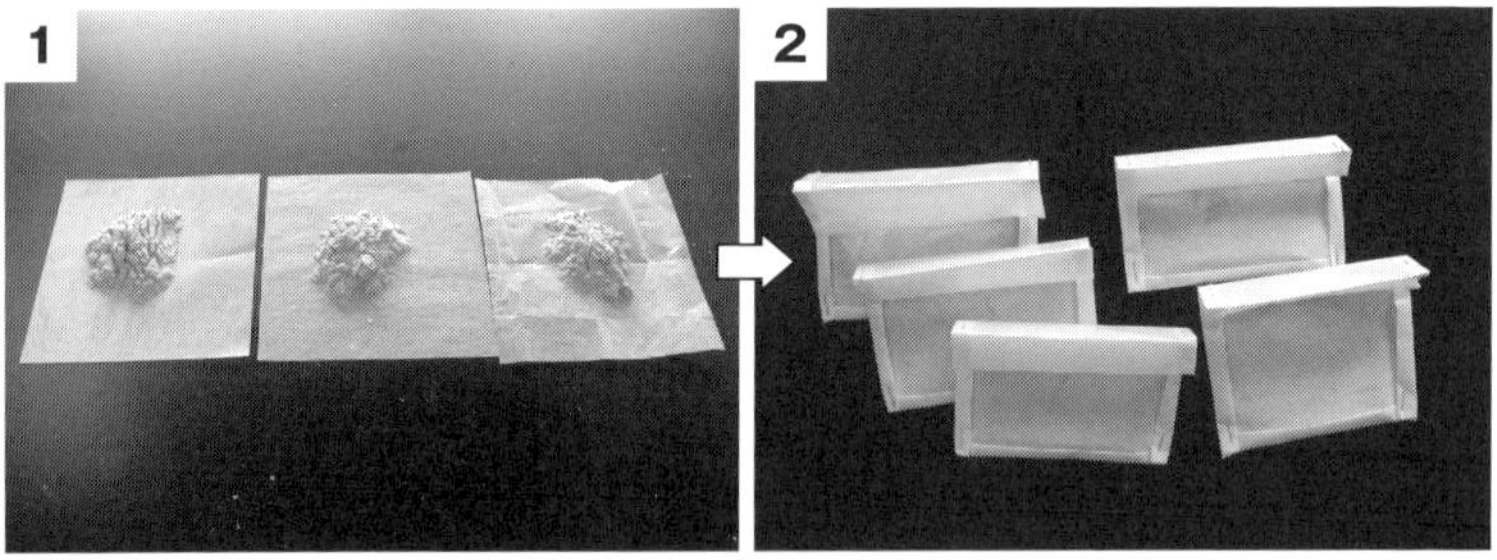

①花粉を 5 ～ 10g に小分けする

②花粉を薬包紙などで包む

④貯蔵する（当年利用は 5℃，翌年利用は －20℃）

③湿気防止のためシリカゲルを入れた茶筒などで密閉する

写真3－17　花粉の貯蔵方法

①花粉は必ず使用前（解凍直前）まで冷凍庫（－20℃）で保存する
↓
②使用する2日前に冷蔵庫（5℃）で解凍する
解凍方法：茶筒に乾燥剤を入れ，この中に花粉の入った容器を入れ，密封する
（乾燥剤を入れずに解凍すると，花粉が吸湿し発芽率が低下する）
この茶筒を冷蔵庫の中で解凍させる
↓
③解凍した花粉は，使用する1日前に常温に戻す
常温に戻した段階で発芽率をチェック

図3－3　花粉の解凍方法

①水100ccにショ糖10gと粉末カンテン1gを加えて煮沸後，スライドガラスの上に薄く伸ばす（発芽床の作製）
②シャーレーにフィルターペーパー（濾紙）を敷き，水で湿らせる
③①のスライドガラスの上につま楊枝などで花粉をひく
④②のシャーレに③のスライドガラスを入れて，シャーレのふたをする
⑤花粉を発芽させるため，20～25℃の場所におき12～24時間後に花粉管の伸びを顕微鏡（200～400倍）で観察する

図3－4　花粉の発芽検定の手順

③貯蔵花粉は必ず発芽検定を

開花時期が早い黄色系キウイ品種の導入や管理作業の省力化で、最近は、前年の貯蔵花粉や輸入花粉を利用する例が増えている。これらは品種や保管状況によって発芽率が異なるので、利用する前に必ず発芽率を確認する。

花粉の発芽検定の手順は、図3―4のとおり。発芽率は当年花粉で平均八〇～九〇%程度だが、冷凍貯蔵花粉のばあいは少し低くて六〇～八〇%程度と思われる。発芽率によって増量剤の希釈倍率を調整（後述）するが、いずれにしても最低六〇%以上の発芽率が必要である（写真3―18）。なお、発芽が悪いばあいは次のことを考えてみるとよい。

①花粉をいきなり冷凍室から出したため、花粉が湿気をもった
②温度が低く、花粉管の生育（伸び）が悪い

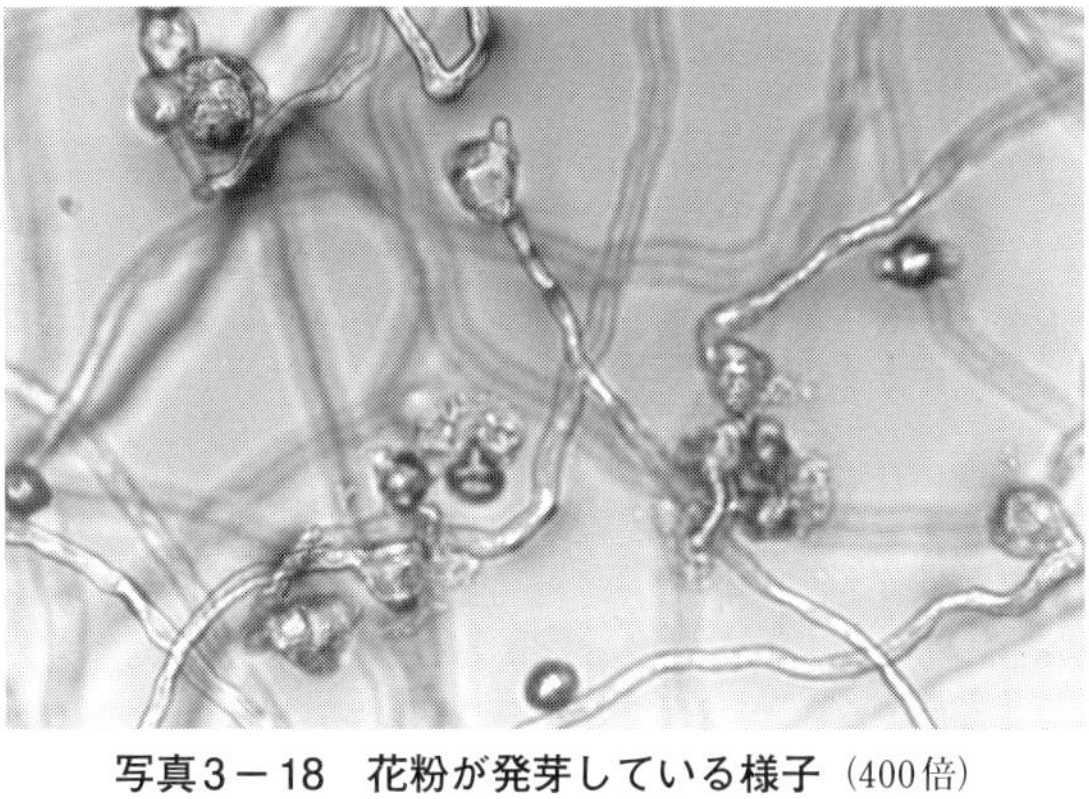

写真3－18　花粉が発芽している様子（400倍）
この状態で発芽率は約85%

③スライドガラス上の花粉が乾燥した
①は、冷凍庫→冷蔵庫→常温の順で花粉を馴化させる、②は温度を二〇～二五℃に設定、③は乾燥防止のため、濾紙を敷き水で湿らせる、など対応する。

④粉末増量剤による受粉

花粉増量剤には、一般に着色した石松子が用いられる。比重が花粉に近く、吸湿性がなく、流動性がよくて、花粉の発芽抑制物質が含まれていないことが、その理由である（写真3―19）。

花粉は通常一〇倍程度に希釈するが、発芽率の低い花粉のばあい、表3―5のように希釈倍数を調節する。希釈のやり方は、所定倍率になるよう花粉と増量剤を計量し、八〇～一〇〇メッシュのふるいに三回程度通して、混和する。花粉混合機を用いると簡単に混ぜることができる。

なお、希釈した花粉は発芽率が低下しやすいので早急に使用する。

増量剤で希釈した花粉は、ポーレンダスターなどの受粉器で柱頭に吹きつ

写真3―19　石松子

表3―5　花粉の希釈倍数の目安

花粉発芽率	倍数	純花粉：石松子
81%以上	10倍	1：9
71～80%	8倍	1：7
61～70%	6倍	1：5
51～60%	4倍	1：3
41～50%	2倍	1：1
40%以下	増量剤として利用する	

輸入花粉とは？

輸入花粉とは、ニュージーランドなどから輸入している花粉のことで、「Chieftain」（チーフトン）という品種を利用しているものが多い（左写真）。花粉の採取には、人工バキュームなどを使用しているので、花粉の損傷が少なく、不純物の混入も少ない。発芽率は、当年花粉で平均八〇～九〇％程度だが、輸入花粉は平均九五％以上と高い。価格は、取扱業者によって異なるが、二〇g入りで約一万円前後である。

輸入花粉

ける（写真３—20）。受粉のコツは、放射状に広がる約四〇本の柱頭にムラなく花粉を付着させることである。一部の柱頭のみ受粉しても、結実はするが肥大が悪く、奇形果にもなりやすい。柱頭にまんべんなく受粉させる。

また受粉は、開花始め、満開前、満開後の三回程度行なう。雌花の受粉可能期間は、開花から三日間程度で、花弁が褐変しないうちに受粉する。受粉作業は、できるだけ柱頭粘液の分泌が多い午前中に行なうと花粉の付着がよい。

写真３－20　ポーレンダスターによる粉末受粉

花粉の発芽適温は二〇～二五℃で、一三℃が限界とされている（二宮）。寒いときに受粉しても花粉が発芽しなければ無受粉と同じである。できるだけ暖かい時間を選んで、効率よく受粉することが重要である。

なお、電動式花粉交配器（ミツワ製「ニュー花風」）を用いると、花粉使用量は多くなるが、受粉能率は上がる。

⑤液体増量剤による受粉

降雨時の受粉や作業の省力化を図るため、液体増量剤による人工受粉が、最近技術開発された。液体増量剤は、花粉の拡散性や発芽率をよくするために、ショ糖などの緩衝剤が添加されている。一般には、JA全農えひめの「花タッチ」、㈱アグリの「ポーレンエイド」、白石カルシウム㈱の「液糖」などが市販されている。

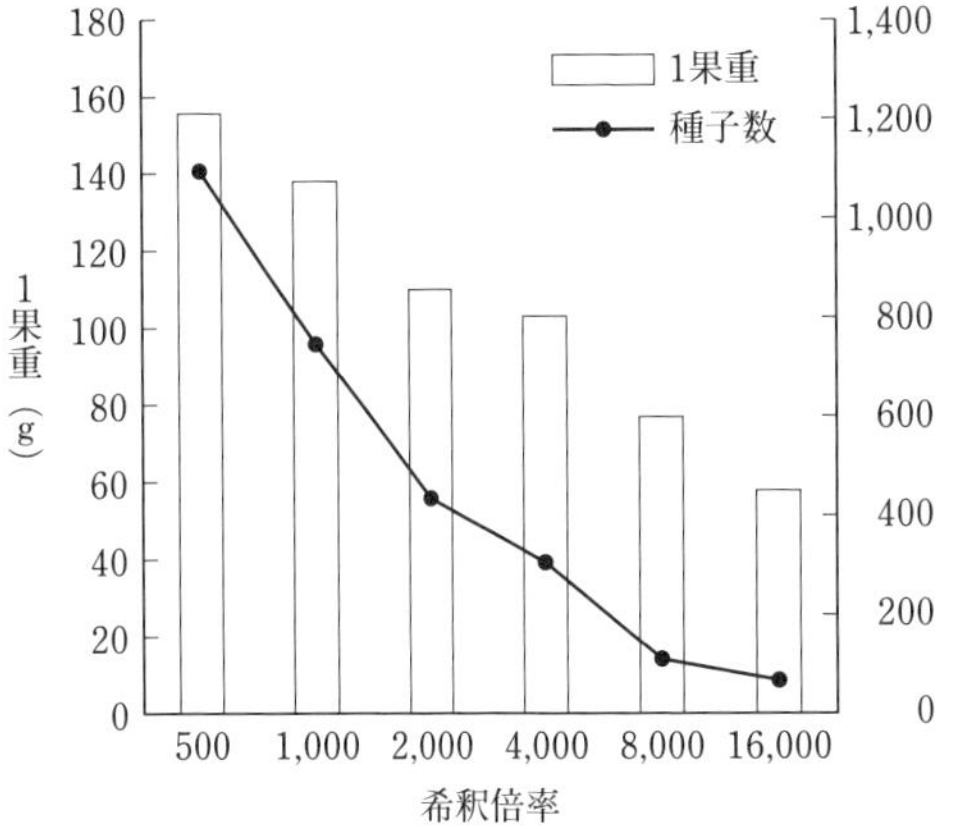

図3－5　花粉希釈倍数と1果重，種子数

（矢野，2004）

表3－6　花粉増量剤の違いが作業時間に及ぼす影響（福田，2003）

試験区	100花あたり[z]（秒）	10a試算[y]（時間）	労働比率[x]
液体－ハンドスプレー区	102.3	7.1	70.3
慣行区（石松子－ポーレンダスター区）	145.4	10.1	100.0

z：熟練した作業員7人の平均値
y：1㎡あたり25花，1,000㎡あたり25,000花として試算した
x：慣行区を100とした時間比率

表3－7　花粉増量剤の違いが「香緑」の果実品質に及ぼす影響（福田，2003）

試験区	結実率（％）	健全果率（％）	果実重（g）	糖度（％）	クエン酸含量（％）	種子数（個）
液体250倍区	100.0	93.3	95.9	16.0	0.56	931.0
液体500倍区	100.0	93.3	95.3	16.1	0.44	982.4
慣行区（石松子10倍区）	100.0	90.0	97.8	15.3	0.42	921.4

愛媛果樹試の矢野によると、キウイフルーツ果実の十分な肥大と種子数を確保するには、液体受粉は五〇〇倍以内の希釈濃度が望ましい、としている（図3－5）。著者が行なった液体受粉の試験結果では、液体増量剤は二五〇倍、五〇〇倍ともに慣行の石松子に比較して作業時間が短縮でき（表3－6）、果径・果実品質はともに石松子と同等の効果が得られた（表3－7）。そこで、液体増量剤の基本的な希釈濃度は二五〇倍程度とし、品種や天候などに応じて濃度を加減することが必要である。

液体受粉は、ハンドスプレーで受粉できる。しかし、スプレーに液体増量剤と花粉を直接入れると混和しにくい。大きめのペットボトルなどでいったんよく混和してから、スプレーに小分けするとよい。また受粉中も混合液の花粉は五分ほどでスプレーの下のほうに沈殿する。ときどき容器をふってよく混和さ

写真3－21　花粉の付着状況
雑な液体受粉では，柱頭への付着が少ない

粉末受粉（石松子）　　液体受粉

写真3－22　花粉増量剤の違いによるキウイの花

液体受粉のほうが，花弁への付着が多く，派手に見える

表3－8　受粉器材，資材経費の試算　（矢野，2004）

	受粉具	増量剤	その他	合計
石松子－凡天	450円 (150円×3本)	3,900円 (390g×10円)	—	4,350円
石松子－器械	3,000円 (30,000円/10年)	3,200円 (320g/10年)	1,000円 (電池6本)	7,200円
液　体	200円 (1,000円/5年)	2,070円 (6.9L×300円)	—	2,270円

注）受粉具の耐用年数は電動受粉機を10年，ハンドスプレーを5年とした。液体増量資材は1Lあたり300円単価を300円/L（Lあたり寒天1g×110円＝110円，スクロース50g×2円＝100円，水，容器，滅菌費）として試算した。

せる。

石松子などの粉末受粉では、柱頭がほのかにピンク色に染まる程度であるが、液体受粉では、花弁への花粉液の付着量が多く、赤く派手に見える。いかにも受粉したような印象を受けやすい。また、液体受粉は、受粉器の噴出量がやや多く、受粉作業が省力化される反面、雑になりやすい（写真3－21、22）。受粉は花弁を赤く染めるだけでは効果がなく、柱頭にたっぷり花粉液を付着させなければ意味がない。ていねいな受粉作業を心がける。

⑥受粉にかかる経費

矢野の試算によると、液体受粉にかかる経費は、石松子一〇倍と液体二〇〇倍とでは、花粉使用量はほとんど差がなく、受粉に関する資材経費は液体受粉がもっとも安価である（表3－8）。

⑦液体受粉の成功のポイント

液体受粉では、①発芽率の高い（七〇%以上）花粉を使用し、②花粉混和

	確認項目	具体的な内容
花粉選択	受粉用花粉	当年花粉か貯蔵花粉 自家採取花粉か輸入花粉 （自家採取花粉は不純物が混入しやすいため，細かいメッシュを使用する）
	発芽率	必ず発芽率をチェックする 70％以上の花粉を使用する
受粉時	ていねいな受粉	柱頭に花粉液を付着させる
	花粉濃度のバラツキの減少	花粉と液体増量剤をよく混和させる
	花粉溶液の使用期限	花粉と液体増量剤を混和後2時間以内に使い切る
	使用温度条件	外気温が低いときは使用しない 15℃以上で使用する

図3－6　液体受粉の成功のポイント　（福田）

後二時間以内に使い切り、③粉末受粉にくらべて外気温の影響を受けやすいので、一五℃以上で使用することが重要である。

また、これまで、液体受粉について説明してきたが、図3—6に液体受粉の成功のポイントについてまとめたので、参考にしていただきたい。

今後、キウイフルーツの液体受粉の普及に期待したい。

〈よくある失敗と思い違い〉

事例1　なぜか摘蕾に時間がかかりすぎる。

摘蕾は、上を見て腕を上げた状態で細かな作業を行なう。首と腕が痛く、なかなか能率が上がらない。

摘蕾には、大きく分けて二つの作業工程がある。一つは、花穂中の花蕾をすべて除去する作業、もう一つは側花蕾を除去し、中心花蕾を残す作業である。前者は、開花三～四週間前くらいから実施できるが、後者は、中心花蕾と側花蕾の分離が認められる開花二週間前頃からしか実施できない。

栽培の現場では、開花二週間前頃から摘蕾作業に取りかかり、二つの作業を同時に行なっているため、時間がかかる。これを二つに分け、比較的余裕のある開花四週間前に、結果母枝基部や先端部を中心とした不要な花蕾を花穂ごと除き、開花一〇日前に側花蕾を除いて中心花蕾のみを残すようにすれば、負担は軽減できるはずである（図3—7）。

事例2　一枝すべてが奇形花（果）になってしまったが……

奇形花は、品種により発生頻度が異なるが、一般的には強く伸びる新梢の基部に多い。こうした強い新梢の基部だけに発生しているのであれば摘蕾で

●摘蕾は２回に分けて

第１工程	開花　３～４週間前 不要な花蕾除去
第２工程	同　２週間前 側花蕾除去

図３－７　摘蕾の作業工程

対応できるが、たまに新梢に着いた花すべてが奇形となっている例もある。原因は、あまりにも大きい果実を狙うあまり、結果母枝の切り返しが強くなりすぎ、新梢が強勢になっていることが考えられる。

奇形花が多いばあい、せん定の母枝の切り返し程度を見直す必要がある。

事例3　花粉の発芽率が年々低下してきたが、なぜ？

花粉の発芽率が低下する原因は、おそらく雄木の栽培管理の不良である。雄木は果実を着けないので、園地の片隅に追いやられ、狭い空間で栽培されやすい。そこからはみ出る枝は整理され続けることになり、樹勢も徐々に落ちてくる。充実した花を着ける枝は少なく、花も小さくなる。当然、花粉の発芽率も下がらざるを得ない。

雌木（結果樹）ほどの細かな管理は必要ないが、雄木に対してもある程度の日射量の確保と、樹冠をいま少し拡げるなどの対処が必要である。

事例4　開花の早い雄品種は、花が小さくて採取しにくいのだが……

黄色系品種の普及にともない、開花の早い雄系統の導入が進んでいる。しかしその花は小さく　花粉量も非常に少ない。効率的には一般雄品種のマッアなどの花粉を採取し、冷凍貯蔵したほうがはるかに優れる。

現在のところ、開花が早くて花粉量も多い雄品種は存在しないので、黄色系キウイ品種を経済栽培しようとするばあいは、貯蔵花粉や輸入花粉を使用して人工受粉を行なうことを勧める。

なお、家庭果樹栽培では、開花時期の合う雄系統による自然受粉でもかまわない。

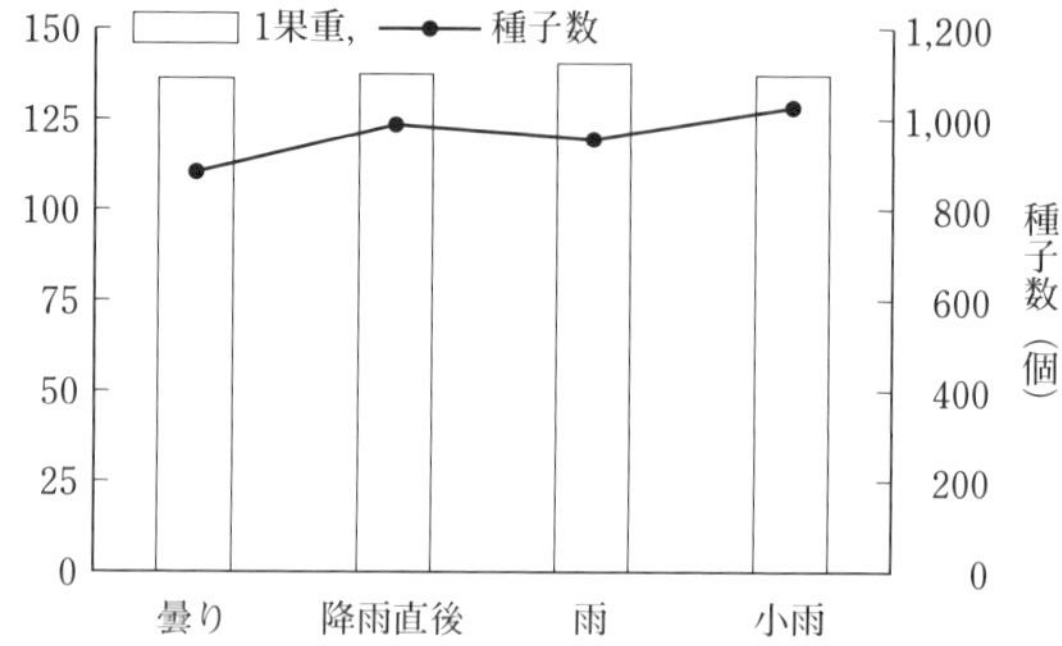

図3－8　受粉時の気象と1果重，種子数

（矢野，2004）

事例5　降雨時の人工受粉はどうする？

雨が降っているときは、受粉作業を実施するかどうか悩む。一日で雨が止みそうなときは翌日にやればいいが、ずっと雨というばあいは非常に困る。とくに、石松子などの粉末受粉では、受粉器の先が雨に濡れると詰まり、作業能率が非常に悪くなる。

しかし、液体受粉なら天候を気にせず実施できる。液体受粉は柱頭の受粉液を洗い流すような横殴りの雨でなければ十分効果がある（矢野、二〇〇四、図3－8）。著者も、雨天時に液体受粉を実施した経験があるが、花は下に向いており、柱頭の受粉液の流れ落ちもなく結実し、肥大も良好であった。

こういった長雨時の受粉のばあいは、ぜひ、液体受粉を試してほしい。

事例6　液体受粉のスプレーノズルがよく詰まるのは、なぜ？

最近、液体受粉の普及が進んでいるが、スプレーノズルの詰まりが問題となっている。とくに自家精選した花粉を使用しているばあいに多い。これは粗花粉から花粉を精選するときに、花粉を多く採取しようとするあまり、花粉とともに葯や花糸などの不純物が多く混入するためで、この不純物がノズルに詰まるのである。

対策としては、①不純物が少ない輸入花粉を使用する、②目の細かいふるいを使用する、③スプレーの吸水口をガーゼで覆うなどして、スプレーの詰まりを防ぐ、などがある。

筆者の試験場では、粉末受粉のばあいは八〇～一〇〇メッシュのふるいで花粉を精選しているが、液体受粉では、より細かい一五〇メッシュのふるいを使用している。

事例7　液体受粉は失敗しやすいと聞いたが……

受粉不良や肥大不足など液体受粉の失敗は、ほとんどが花粉の発芽率と花粉溶液の取扱いに原因がある。

粉末受粉では、乾燥した休眠状態の花粉を柱頭に吹き付け、柱頭の水分で花粉が発芽する。液体受粉では、液体の中に花粉を懸濁しているので、花粉は水分を吸収し、休眠状態から醒めた状態で柱頭に吹き付けられる。

また、乾燥した休眠状態の花粉は、不良環境に長時間耐えられるが、水分を吸収し、発芽しかけた花粉は不良環境に弱い。液体中の花粉の発芽率は、時間の経過とともに急激に低下しやすい。したがって、液体受粉では発芽率の高い花粉（できれば七〇％以上）を使用するとともに、混和後は二時間以内に使い切ることを厳守する。

もったいないからと昨日の残りの受粉液を使うのは、やめたほうがよい。

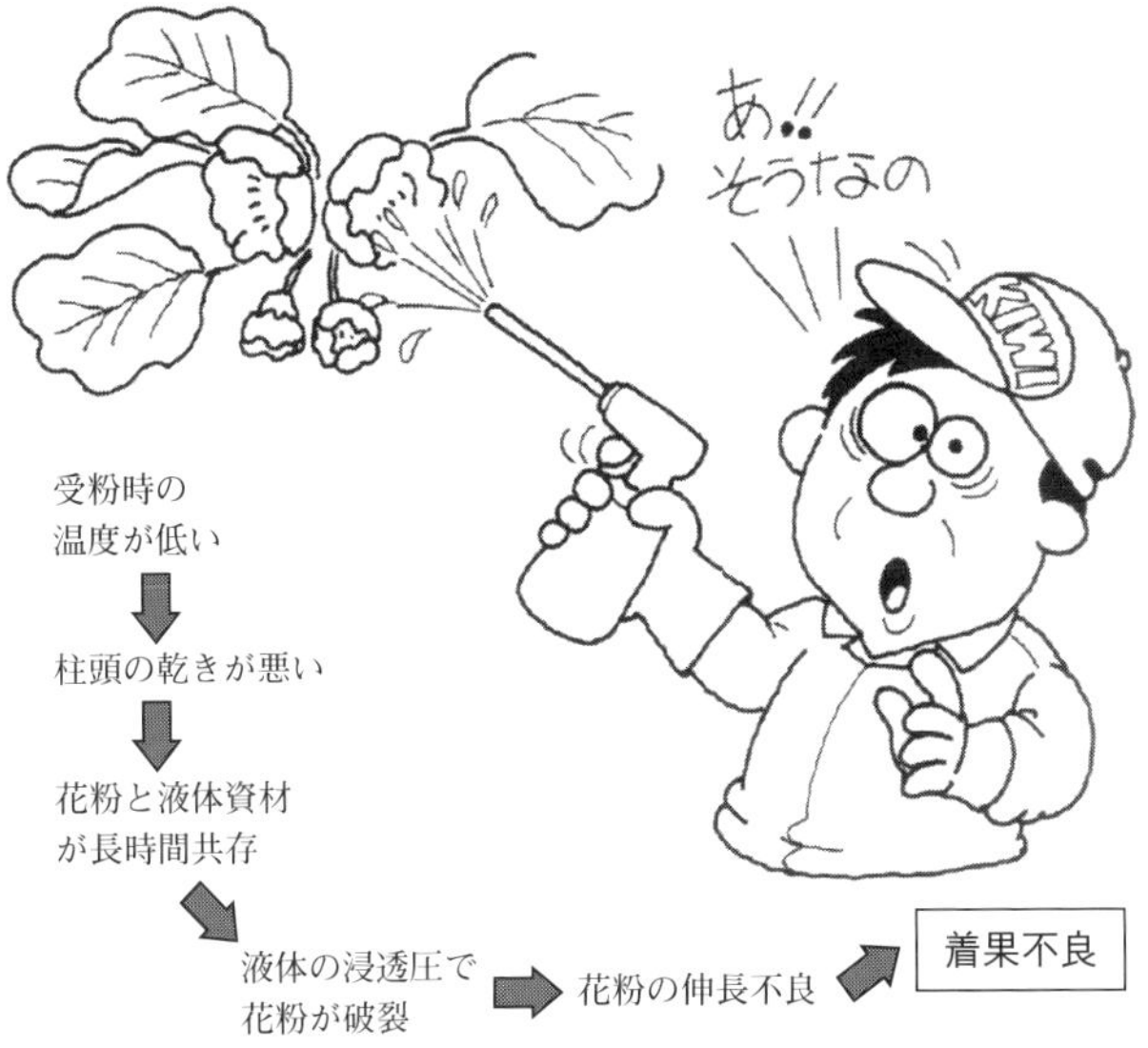

図3－9　液体受粉の着果不良のわけ

事例8　「レインボーレッド」など開花の早い品種に液体受粉すると肥大が悪いが……

レインボーレッドだけでなく、同時期に開花する「ホート16Ａ」（ゼスプリ・ゴールド）など二倍体黄色系キウイでも、同様に肥大が悪くなるという報告がある。

原因は、おそらく受粉時の外気温が低いことが影響している。「レインボーレッド」などの花器と液体増量剤との相性の悪さではないと思われる。レインボーレッドなど二倍体の黄色系品種は、キウイの中では極早生種で、西南暖地では四月下旬～五月上旬に開花する。この時期の平均気温は一五～一六℃だが、移動性の気圧が多く、天気の移り変わりが激しい。肌寒く感じる日も多い。受粉時の気温が低く、柱頭の乾きが悪くなりやすいために、着果・肥大不良がおこると考えられる

（図3―9）。

①花粉濃度を高くする（通常は二五〇倍を一〇〇倍程度に）とか、②液体受粉をやめ、粉末受粉に戻すなどの対策を考える。ヘイワードなどでも外気温の低いときに受粉すると、同じように肥大が悪くなることがあるので、同じような対策を講じるとよい。

写真3－23　開花2週間前に主幹や側枝を0.5～1cm幅で剥皮する

3　この時期の病害虫防除

この時期、もっとも怖い病気は花腐細菌病である。感染すると花が黒ずみ、枯死し、収量が低下する。

花腐細菌病は、開花期に雨が多く、湿気の停滞しやすい園地に多く発病する。また、品種により病害抵抗性が異なり、「香緑」「さぬきゴールド」などは強いが、「ヘイワード」「レインボーレッド」「讃緑」は弱い傾向にある。

薬剤防除は、四月下旬と開花前にマイシン剤を散布する。一方で、排水、採光、通風を良好にし、園内の過湿を防ぐことも大切である。

環状剥皮が発病軽減に効果があることもよく知られている。環状剥皮で新梢の伸長を抑制し、花蕾につく結露を減らすのがよいとされている（三好ら）。開花二週間前に主幹部や側枝単位に〇・五～一cm幅で剥皮するが（写真3―23）、樹勢が低下しやすいので、樹の状態をよく見て新梢の生育が劣る樹では避ける。

（福田哲生）

第4章　果実肥大成熟期の作業

1　L・2L玉づくりと摘果

●摘果の基本の考え方

・収量と果実重はシーソー関係

図4―1は、ヘイワードの若木で、果実を成らせる量をさまざま変えて、収量や果実の大きさとの関係を調べたものである。

葉面積一m²（一〇〇〇〇cm²）に一個の割合で果実を成らせたばあいの平均果重は一二〇g（図の①）、収量は一・二kgである（同①）。摘果を強めて、葉面積一・六m²（一六〇〇〇cm²）に一個を成らせたばあいの平均果重は一四〇gになるが（図の②）、収量は〇・九kgと少なくなる（図の②）。大玉をねらうと着果量を減らし、収量は少なくなる。多収をねらうと果実は小玉になる。つまり収量と果実の大きさとは、シーソーのように一方を上げると他方が下がるという関係にある。

・葉果比は六程度。ただし葉の大きさに注意

平均枝長が一〇〇cm程度の中庸な樹勢のばあい、葉の横幅は一四～一五cmがふつうである。この葉の面積は一五〇～一六〇cm²である。この葉六枚（葉面積では約一〇〇〇cm²）に果実を一個着果させると約一二〇gの果実が三～三・五t程度収穫できるという結果となった。

しかしヘイワードのばあい、長さ二〇cmの枝なら一枚の葉の面積は平均一〇〇cm²、二mの枝だと一八〇cm²程度と倍近くになる。枝の強弱によって葉面積が随分異なるわけだ。ただ、実際の栽培では葉面積をいちいち測定できないので、着果の多少はやはり葉果比で把握せざるを得ないが、樹勢が低下し、枝が短くなった樹は葉が小型化している。樹勢がよかった頃と同じ葉果比では、果実の肥大が劣るのは当然だ。

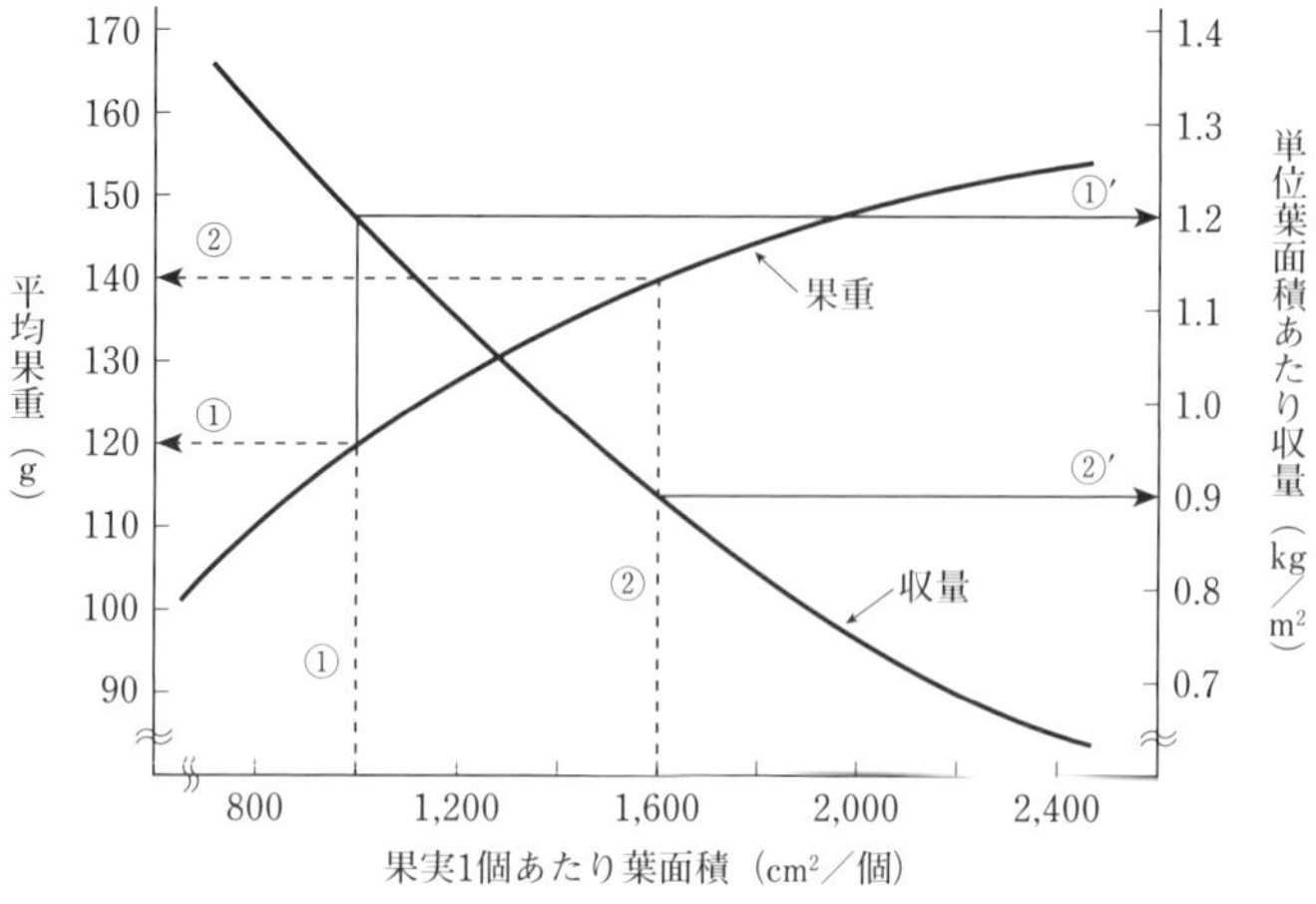

図4－1　着果量と収量・平均果重の関係

（末澤，1986）

しっかり摘果をしたのに大玉ができないわけ

このように、果実の大きさと収量は、一方を高くしようとすると一方は下がらざるを得ないシーソー関係となる。しかし、だからといってすべての農家が同じ摘果をしたら同じ果実の大きさと収量が得られるわけではない。大玉で収量が多い園地もあれば、摘果をしっかりしても玉が太りにくい園地もあるのだ。

図4—2は樹勢が強く、枝が伸び過ぎている不良園と、樹勢が落ち着いている優良園とをそれぞれ解体調査した結果である。不良園では枝が伸びすぎて、光合成産物の大半は枝をつくることに費やされているが、優良園は枝より果実への配分が多くなっている。逆に、樹勢が弱く、葉が十分展開できないばあいは、光合成の総量そのものが少ないことから、果実への分配率が高くても収量が少なくなる。

つまり、樹勢が適切であれば、収量と果実重とのシーソー関係は高いレベルで釣り合い、樹勢が不適切なばあいは低いレベルでの関係となる。

このシーソー関係（経営的にはトレードオフの関係という）を模式的に示すと図4—3になるが、果実重と収量とは樹勢が適切であればその関係の支点は高く維持され、樹勢や樹体のコンディションが悪ければ、支点の位置そのものが低くなり、収量も果実の大きさも低いレベルでバランスする。

夏秋梢が多発して、夏以降の棚面が枝の繁りすぎで真っ暗になり、その後落葉がおこる園地や、樹勢が弱く、棚面が適量の葉で覆いきれない園地では、収量も果実肥大も低いレベルとなる。

●反収三t、果重一三〇gを目標とした着果基準

キウイのスタンダード品種であるヘイワードは一果重一〇〇g強が平均で、大玉といっても二〇〇gまでの果実である。リンゴやモモ、ナシなどにくらべたら小さく、果実の大きさで存在感や付加価値が主張できるとはいいにくい。七〇～八〇gの小玉では商品性がないが、極端な超大玉をねらって着果数を制限しても、それだけの単価が実現できるかといえば難しい（産地によっては3Lなど大玉生産を目指すかもしれないが）。一般的には、Lや2Lを中心とした果実生産がもっとも効率的と考えられる。そこで、図4―1の関係をもとに、収量三t／10a、果実重一三〇gを目標としたばあいの収量を構成する要素を表4―1に示した。

●摘果は早期に精度高く行なう

キウイ果実の肥大特性（図4―4）から、果実サイズは満開後約一カ月間

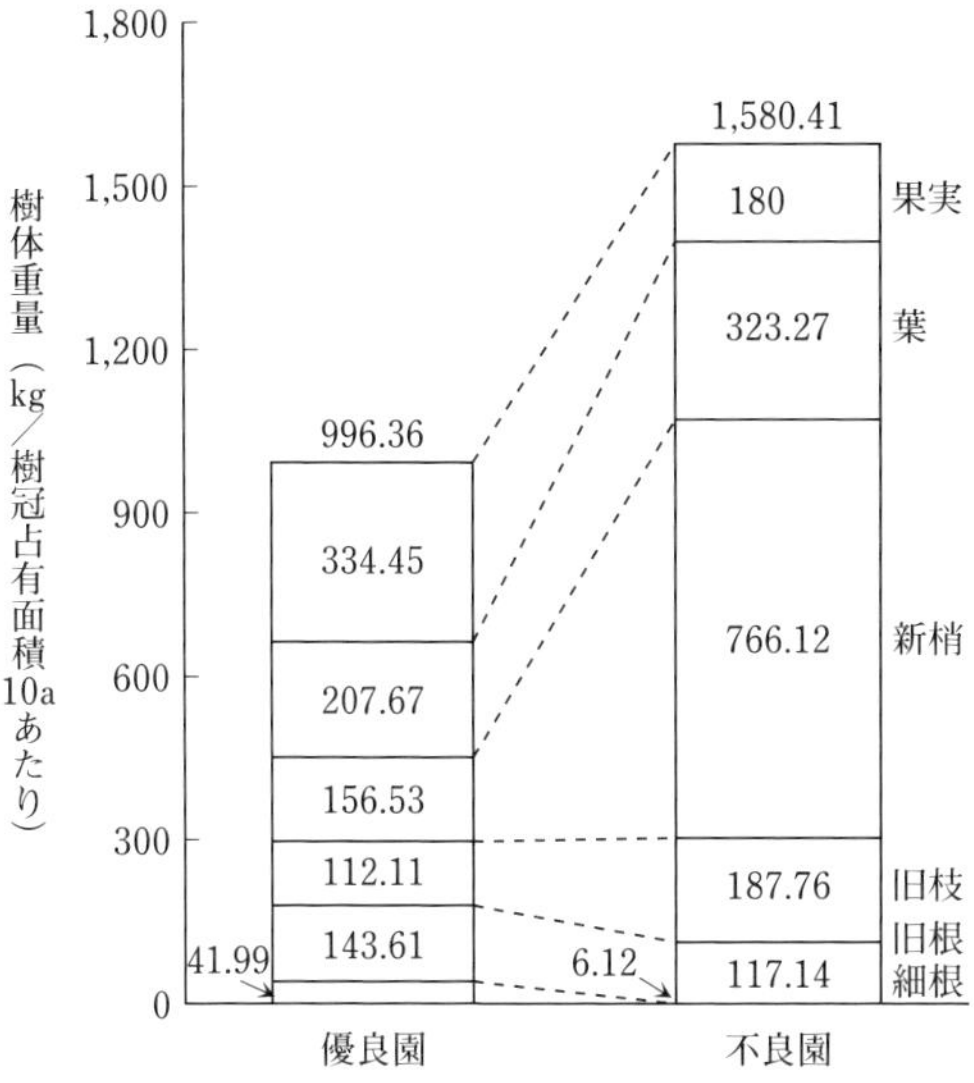

図4－2　優良園と不良園の器官別純生産量

（末澤，1993）

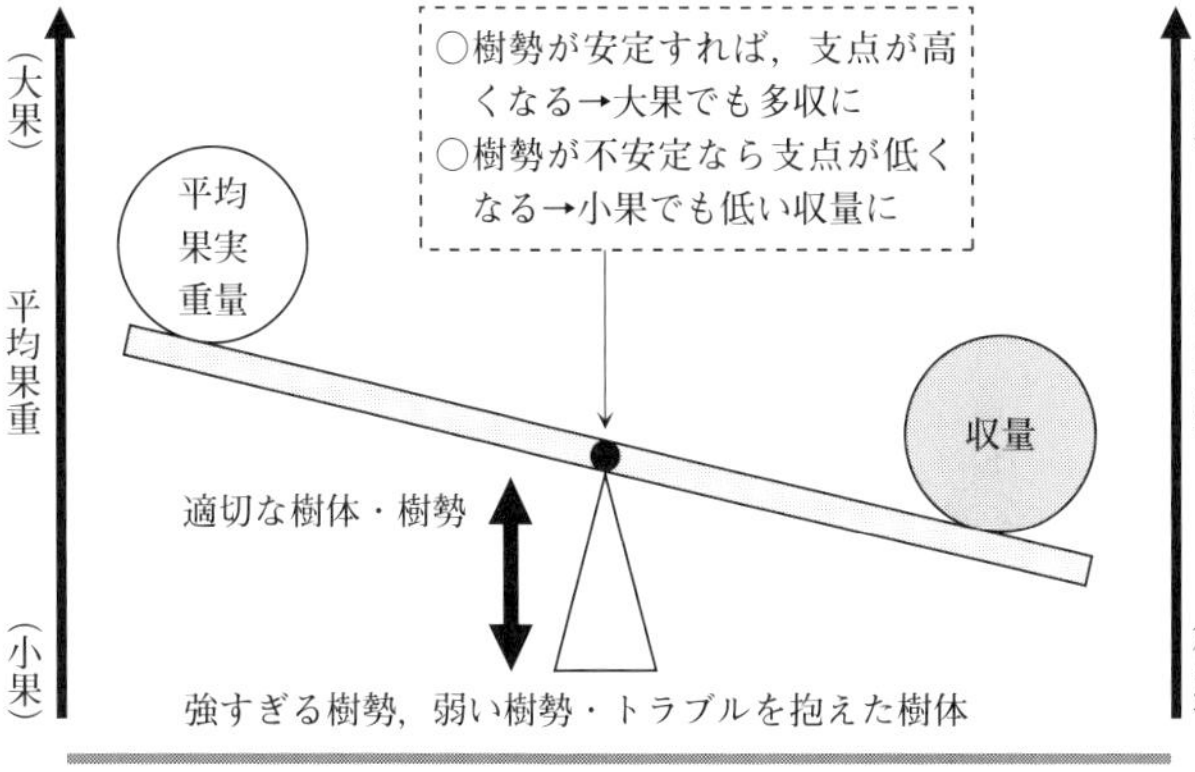

図4－3　収量，果重のシーソーと支点の位置

表4－1　樹冠面積1㎡あたりの枝の強さ別発生本数と枝ごとの目標着果数

葉果比	収量 (t/10a)	平均果重 (g)	長さ別の新梢発生本数/㎡と，枝ごとの着果数						
			0～50cm	～100cm	～150cm	～200cm	～300cm	300cm～	合計
6	3	130	6本	4本	2本	1本	1本	0～1本	15本
			0～1果/枝	1～2果/枝	2～3果/枝	3～4果/枝	4～5果/枝	突発枝，着果なし	25果

例）平均果重130gで収量3t/10a生産するために必要な収量構成要素。新梢は樹冠1㎡あたり合計14～15本発生させる

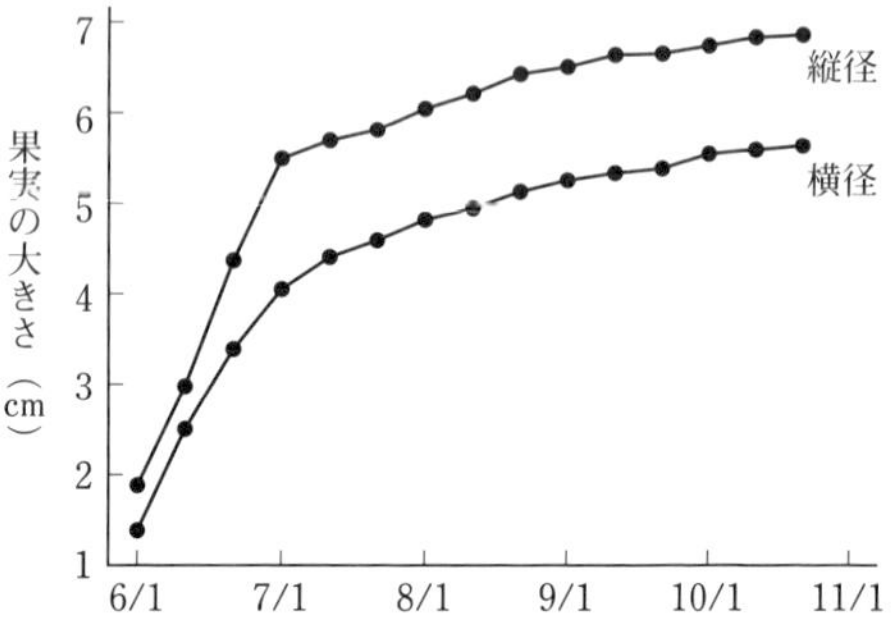

図4－4　キウイの果実肥大曲線

（熊本果試）

におおむね決まってしまう。したがって、摘果は遅くやっても意味がない。早期に一発で決める必要がある。中玉ねらいのウンシュウミカンのように、仕上げ摘果などで修正するのでは遅すぎる。手直しなしに、省力的に、しかし精度高く実行する必要がある。

筆者が行なっているのは以下のような方法である。基本的にはせん定と同様に（四六ページ）標準区画をつくるやり方である。

六月上～中旬の摘果作業開始時に、

①誘引用の赤もしくは白のテープを利用し、棚面に二×二mの正方形の区画（四㎡）を園内の平均的な場所、数カ所に設定する。

②この区画内の果実を数え、目標果実数との差を計算し、摘果の必要個数を割り出す。

③摘果はまず奇形果、小玉果を除去する。次に表4―1を参考に、より短い枝の果実から摘果する。長い枝の果実は肥大しやすいので、できるだけ残す。あとはこの区画の摘果程度を目安に、園内の摘果作業を進める。

区画内の着果個数を基準に摘果を行なうと、多い少ないの評価はかなり正確になる。作業の合間に、一緒に作業する人と基準区画を何度も見直すと、個人差の是正も含めて作業精度がぶれない。

●袋かけの判断は費用と効果を考えて

香川県では経営規模の大小は問わず、「香緑」や「さぬきゴールド」に袋をかけることが多い。理由は日焼け防止、果実同士の擦れなどによる果皮の保護、果実軟腐病の抑制に有効で、費用対効果が優れるからである（写真4－1）。ヘイワードでは費用がなかなか回収できないので実施されていない。

写真4－1　香緑やさぬきゴールドなどで行なわれている袋かけ

しかし、小規模栽培、あるいは家庭果樹園では、果実軟腐病がある程度抑えられるので薬剤防除より撥水性能をもつパラフィン袋をかけることをお勧めする。

〈よくある失敗と思い違い〉

事例1　花腐れが発生し、部分的に着果量に粗密ができた……

花腐細菌病が発生し、樹全体としては着果量に不足はないが、結果部位に粗密が生じてしまうことがある。光合成産物は基本的に隣の側枝や大型亜主枝間ならかなり移動する。そこで花腐れや枝枯れなどで着果が大幅に不足したばあい、正常部位の着果量を二～三割多めに残し、樹全体では着果量をやや減少させるのがよいと思われる。

事例2　基準どおりに摘果しても肥大が悪い。収量が少ない。なぜ？

八一ページで紹介した収量と肥大のシーソー関係を思い出してもらいたい。二つのシナリオが考えられる。

一つは、樹勢が強く、夏枝が多発するようなケースである。

葉量は十分あるので土地面積あたりの光合成量は多い。しかし、光合成産物が枝の生長に利用され、果実の配分が少ない。その結果、果実は肥大せず、収量も少ない。間伐や環状剥皮を行なって樹勢を抑え、枝の過剰な生長を抑制することが必要である。

二つ目は、樹勢が衰弱し、葉面積が不足するケース。

停滞水による根腐れや過剰な環状剥皮で発根が抑制され、樹勢が低下、枝が必要量だけ伸びないばあいは当然、果実肥大が悪くなる。収量も不足する。発根促進のための土壌改良やせん定による切り込み、苗木の補植など樹勢回復の対応を行なう。

事例3　肥大促進にフルメット液剤を使用したいが……

フルメット液剤はサイトカイニン活性のあるホルクロルフェニュロンを成分とする植物調節剤で、キウイフルーツには果実肥大促進を目的として、開花後二〇～三〇日に使用回数一回で農薬登録されている。果実浸漬、果実散布とも希釈倍率一～五ppmで用いる。

品種により処理効果あるいは果実の反応はやや異なる。ヘイワードでは、処理効果がきわめて顕著である。しかし果形がややいびつになる傾向がある。

香緑でも肥大促進効果は顕著であるが、果頂部がより肥大する（いわゆる下ぶくれになる）傾向がある（写真4―2）。また花柱痕が飛び出したようになる。肥大させすぎると、果芯が空洞になることもある。果実は結果枝基部に近い果実ほど変形しやすいので、摘果では基部に近い果実を中心に行なう。

黄色系品種では、高い肥大促進効果をねらうと果皮のひび割れが発生する。また果形の変形が著しく、強い肥大促進効果をねらってはいけない。

果実の変形と品質低下を防ぐには、できるだけ遅い時期に、低い濃度で処理するようにする。肥大が進むだけ果実品質は低下しやすいので、果実周辺の採光に十分注意し、着果量はやや少なくする。処理果実はやや軟化が早いばあいもあるので、無処理果実とは区分した貯蔵追熟処理とする。

写真4－2　フルメット処理果実
（品種：香緑）
下ぶくれになる果実もある

2　品質管理に不可欠な夏の枝管理

●葉面積指数二・五程度が目標

葉果比六、L果実生産で反収三t、棚面一㎡あたり二五果（一〇aで二万五〇〇〇果）と先に基準を示した（表4―1）。この果実生産に必要な葉の量は多いほどよいのであろうか？

まず葉果比が六だから、掛ける二万五〇〇〇で一五万枚。葉の平均面積は一五〇㎠なので一〇a全体だと、二二五〇㎡となる。これは葉面積指数でいうと、二・二五である。

一方、園地には果実を着けない突発枝もある。だいたい全部の枝の約五％程度発生する。この枝の葉の面積が全部で約五〇〇㎡、指数でいうと〇・五程度ある。この突発枝の葉がおもに幹や根を養い、翌年の果実のための養分を蓄積する。

つまり、反収三tを毎年安定して穫っていくには、葉面積指数で二・七～二・八程度の葉が確保されていることが必要である（表4―2）。しかし棚面には粗密もあるので、二・五程度がベストと考えられる。

表4－2　キウイ群落の葉面積指数と総光合成量の推定

（末澤，1985）

葉面積指数	日総生産量[z]	日剰余生産量[z]
1.00	198.73	174.73
2.00	303.49	255.49
2.85[y]	338.65	270.25
3.00	342.93	269.93
4.00	352.99	256.99

z：mgCO_2/土地d㎡/day
y：日剰余生産量が最高となるLAI

●木漏れ日ちらちら程度を目安に

葉面積指数と棚下の相対照度の関係を図4―5に示した。葉面積指数二・五というのは、棚下の照度で換算すると、おおむね五％程度。実感的には木漏れ日がちらちらと散見される程度である。これ以上葉の量が多くなると、棚下層の葉の落葉がいっきに多くなり（図4―6）、果実品質のバラツキも多く、貯蔵性も劣るようになる。

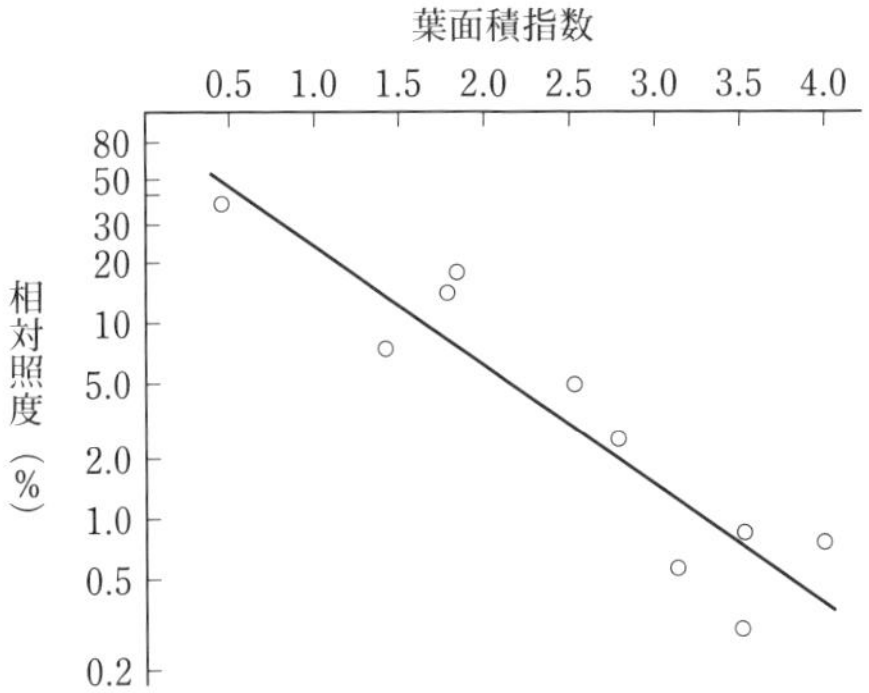

図4－5　葉面積指数と相対照度の関係

（末澤，1985）

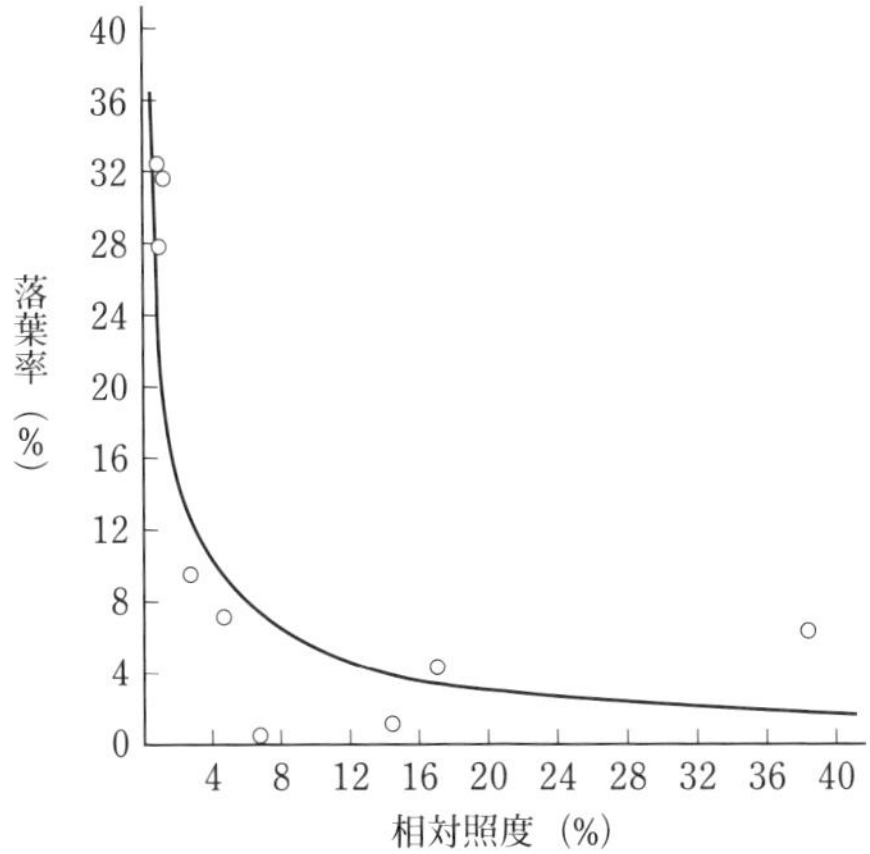

図4－6　相対照度と落葉率の関係

（末澤，1985）

●繁りすぎた棚面の整理——夏せん定の実際

樹勢が強いばあい、過繁茂な棚面を整理するには、夏枝をせん除することが必要となる。

適正な夏せん定の程度は、棚下の明るさと本数で判断する（写真4―3）。すなわち前頁で述べたように、棚下の望ましい明るさは、相対照度（棚下の明るさ／棚上の明るさ×一〇〇）で五％程度。

また、次年度の側枝更新などで残す必要のある突発枝は、一㎡あたり一本あれば十分である。それ以上の突発枝は不要なので、夏にせん除したい。しかし現地での失敗例で多いのが、更新用の枝であるのかどうかにお構いなく、伸びている枝を単純に切るという事例である。大切な更新用の枝はしっかり確認をして残さないと、冬のせん定で枝が更新できず、困ることになる。

強い結果枝から発生する副梢は、幼木や若木などで必要なばあいもあるが、成木では不要なことが多い。これも七月中に基部からせん除したい。

〈よくある失敗と思い違い〉

事例1　夏せん定をしても次々と枝が発生して困る！

キウイが産地化された当初はこのような悩みが多かったが、最近は樹勢低下であまり聞かなくなった。しかし、「香緑」のように樹勢が強い品種や、枝が伸びやすい「ゼスプリ・ゴールド」などでは、依然、夏秋梢の処理に悩む人が少なくない（写真4―4）。

これは夏せん定だけでは対応は難しい。樹形づくりとか、環状剥皮を組み合わせるとか、もう一段上のところで樹勢コントロールを考える必要がある。

写真4－3　暗すぎる園地（左），明るさが適当な園地（中），葉量不足の園地

たとえば、香川県の「香緑」栽培では、ブドウで行なわれてきた間伐による樹冠拡大で、樹勢を抑える方法が導入されている（写真4―5）。しかし、この方法は、樹勢のコントロールには確かに効果はあるものの、いったん樹勢が低下すると、主枝や亜主枝の陽光面が日焼けをおこしたり、枯れ込みが入ったりすることもあり、注意して取り組む必要がある。

また、環状剥皮による樹勢抑制も、夏せん定の労力軽減に有効と考えられるが、土壌条件の劣悪な地域、水ストレスが懸念される園地条件では、樹勢が著しく低下する恐れがある。初めて行なうときは、主枝や亜主枝などで部分的に試すなどして慎重に対応する。

写真4－4　管理不良で夏枝が多数発生した園地（品種：さぬきゴールド）

写真4－5　「香緑」のオールバック仕立て樹
良好な土壌条件のもと，主枝を20m以上も伸ばしている

事例2　**突発枝は夏秋梢がいつまでも発生しやすく、扱いにくいので、全部の突発枝を基部からせん除した……**

これは間違い。確かに果実が着かない突発枝は数多く要らない。しかし、側枝更新などには必要なので、何本かは必ず残すようにする。

何本残すかは整枝方法で異なる。側枝を置く樹形では、三年に一回程度は

写真4－6　更新用に残す突発枝（矢印）

側枝を更新したいので、主枝に近い部位から発生する突発枝は残してしっかりと誘引し、結果母枝として利用する（写真4―6）。

また側枝をつくらないムカデ状整枝のばあいは、突発枝が次年度の基本的な結果母枝となるので、計画した間隔で残すようにする。

事例3　強い結果枝をカットせん定していたら、果実が小さくなってしまった……

強すぎる母枝先端の結果枝や、主枝背面からまっすぐ上に伸びる枝など、強く伸びすぎて対応できない枝の、最終結実節位の次の節で切ることをカットせん定という（写真4―7）。こうすると副梢が発生しないので、夏の枝管理が省力化できる。ただし、あまり数多くやりすぎると、葉面積が不足し、果実肥大が抑制される。強い結果

写真4－7　誘引が難しい立ち枝は，果実の着果節位の直上でカット（矢印の位置）

母枝の先端の結果枝に処理する程度として、やりすぎは慎みたい。

3　乾燥防止とかん水作業

●頻繁にかん水しても葉焼けがおきる

キウイの幹は導管が太く、大量の水

写真4－8　梅雨明け後の水田転換園での葉焼け

を送りやすい反面、導管内部の水柱が切れやすく、乾燥に対する抵抗性がとても弱い（三七ページ）。しかも、乾燥が進むと多くの植物では気孔を閉じ蒸散を抑制するのに、キウイの葉はこの能力が弱いとされている。乾燥が続いても気孔をすばやく閉じることができないので、蒸散を抑制しきれない。

またキウイの根は根腐れしやすく、水はけの悪い土壌では根は下層に伸び

ず表層近くにとどまる。このばあい、根系が抱える土壌は極浅い部分の土だけとなり、根が抱えられる土壌体積＝水タンクの容量そのものが小さいこととなる。こうしたさまざまな理由から、キウイはことのほか乾燥に弱く、そのためどうしても葉焼けがおきやすい（写真４―８）。

●かん水はいつどれぐらいやればよいか

①かん水の必要量は

近年のキウイ樹の樹勢衰弱や品質低下は、不適切なかん水作業も考えられる。

実際、樹体の生育や根系の特徴に応じたかん水ではなく、単純に葉がしおれたら適当にかん水している園地が少なくない。

胃袋の大きさに関係なく食事の量は決められない。幼児に大人なみの食事を与えても食べきれない。無理に食べさせるとお腹をこわす。量だけでなく、食事は食べるタイミングも大事だ。重労働の作業の人と安静にしている人に、同じタイミングで食事を出してもうまくない。

同じことがキウイのかん水についてもいえる。大ざっぱにいえば人間の胃袋の大きさは、キウイの「根系が抱える土の体積」×「土が含むことができる水の量」である。土が含むことができる水の量とは、「ほ場容水量」（土がめいっぱい水を含んだ状態の水分状態＝おなかいっぱいの状態）から「植物がしおれ始めたときの土壌水分含量」（植物が乾燥状態になり始めるときの土壌水分状態＝おなかがぺこぺこの状態）を引いた量である。

②かん水のタイミングは

次に、かん水のタイミングだが、土の水分は降雨やかん水がなければ、毎日の蒸散量だけ失われる。一日あたりの蒸散量は、「葉からの一日あたりの蒸散量」と「土表面からの蒸散量」を足した量である。土の水タンクの在庫量は、この毎日の消費量で「あと何日か？」が計算できる。表４―３は土の深さごとにかん水のタイミングと一回のかん水量を試算したものである。この表４―３を以下詳しく解説する。

まず有効土層は根が十分に伸びてい

表４－３　有効土層の深さとかん水量，間断日数（概算）

有効土層の深さ（cm）	制限層での水分消費率（％）	必要かん水量（mm）	間断日数（日）
20	80	8.75	2.19
30	60	11.67	2.92
40	40	17.50	4.38
50	30	23.33	5.83
60	25	28.00	7.00

図4－7　深い根のキウイはたっぷりやれる，浅い根のキウイは少量，何回にも分けてかん水

る土の深さを示している。根が浅くしか伸びていないばあいは有効土層は浅く、五〇cmや六〇cmではより深い部分まで根が伸びている状態である。

次に制限層とは有効土層の中で地表近くのもっとも乾燥しやすい部分をいう。根が深いばあいは、地表付近のすぐに乾燥する土の層がカラカラに乾燥しても、土の深いところで根が水分を吸収できるので、制限層で吸収する水の割合は低い（表4－3で、有効土層が六〇cmのばあいは、制限層で吸う水の割合は二五％）。逆に有効土層が浅い＝根が浅いばあいは、地表付近のもっとも乾きやすい土の層（制限層）で吸う水の割合が高いことから（表4－3で、有効土層二〇cmのばあい、制限層で吸う水の割合は八〇％）、表面の土が乾いたらすぐかん水しなければ樹がしおれることとなる。

　このように、有効土層の深さが二〇cmの園地なら、根が浅く表層でしか吸水していないことと、土が含むことができる水の量が小さいことから、間断日数（かん水の間隔）の限度は計算上二・一九日で、三日以上続くときつい。一回あたりの量は八・七五mm（一〇aで八・七五t）と多くはないものの、頻繁にかん水してやる必要がある。

逆に土が深いほど、一回のかん水量は多くかつ、かん水の間隔（間断日数）は長くできる（図4―7）。

●かん水時期の見つけ方

かん水はいつ行なうか？「葉がしおれてきたら」かん水するという栽培者が大半である。毎日樹を観察するのは大事だが、見回りをして、しおれていたらかん水では実は精度が悪い。しおれる前にかん水したい。

写真4―9　かん水タイミングが計れる簡易蒸発計

その方法は容易である。容器に水を入れて園地に置き、一定以下の水位になったらかん水を始めればよい。容器は白いポリ容器などで十分。内側に一五cm程度のプラスチック製物差しを貼り付けておく（写真4―9）。

この容器を畑の周囲の日の当たるところに置き、水を満たしておく。そして乾燥が進み、キウイの葉がしおれ、さぁ、かん水というときに容器の減水深をメモする。何回かくり返して平均値のところに、太く印を付けておけば、あとはこの容器を観察していて、その目印の水位になるちょっと前にかん水する。自宅前に、畑の数だけ容器を置き、個々の畑別にかん水のタイミングを計ってもよい。

「明日はしおれる予定日。だから今日中にかん水しておこう」とか、「今日は夕方から雨の予想。今日のかん水は待とう」。あるいは、お父さんは部会で視察旅行。留守を預かる母ちゃんに、「この線まで水が減ったらかん水お願いね」と、家族の間で了解しあっておくのにも役立つ。作業は段取り八分である。

〈よくある失敗と思い違い〉

事例1　水田転換園で毎日かん水をしても、葉焼けが出る。かん水量が足りない？

水田転換園はキウイ栽培者にとって頭痛のタネである。キウイは停滞水にとくに弱く、根腐れがおきやすい。水田転換園は地下水位が高く、しかも変動しやすい。せっかく深く伸びた根も、ちょっとした長雨で湛水状態になり、ダメージを受ける。そうなると、根は表層部分でしか吸水できなくなる。だから、すぐ葉焼けをおこすのである。

底土は湿っているのに、表層は乾燥

している。葉もしおれている。そこでかん水すると下層土はさらに過湿になり、根腐れが助長される。毎日かん水しているのに葉焼けがおこる、というのはこうしたことが背景にある（図4—8）。

このような土壌で育ったキウイは、強いストレスを受けているため、果実の品質は上がらず、貯蔵力も低い。立枯れなどの病害の発生も多くなる。

対策としては、明渠、暗渠を設置し、地下水位を下げることを最優先に行なう。周辺の水田に水が入ると同時に園地の地下水位も高くなるので、園周囲の排水溝の設置も絶対必要である。

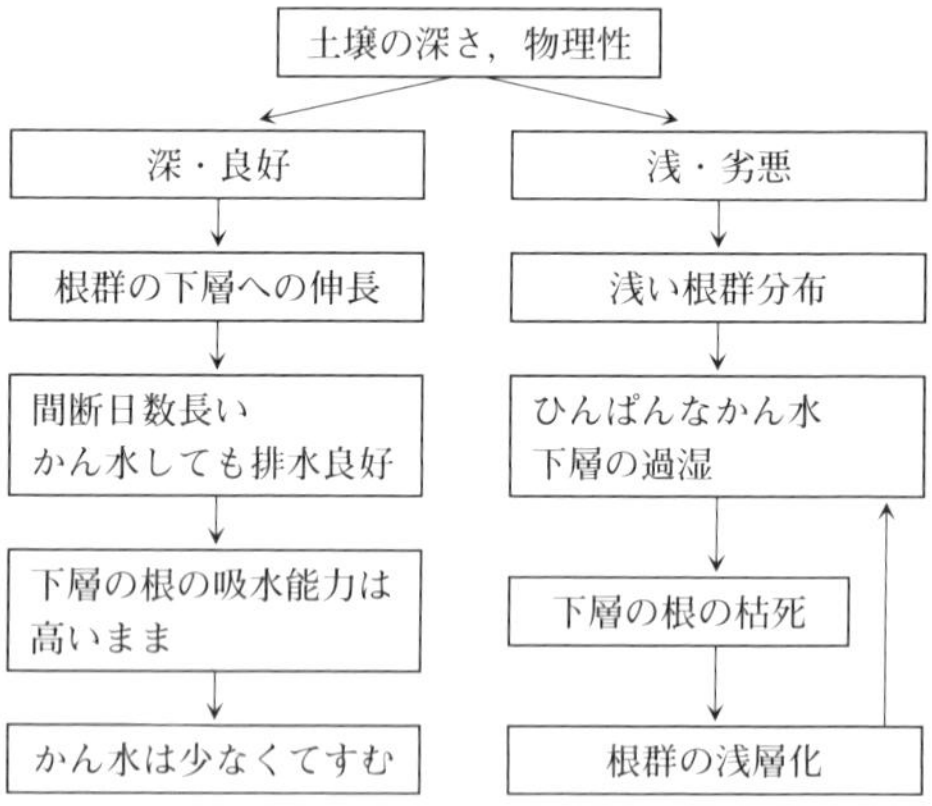

図4—8　土壌の深さとかん水頻度
（神奈川園試，真子）

4　品質管理の実際

●キウイ果実の糖はじっくりゆっくり蓄積される

キウイの品質でもっとも重要なものは糖度である。

キウイの果実は成熟期間中を通じてデンプンが果肉に集積され、収穫後に、エチレンによって糖分に代謝され、甘くなる。

図4—9にあるように、収穫直後の糖度は夏から秋にかけて徐々に高くなるが、それでも屈折糖度計示度で五〜八度程度である。しかし、果肉に蓄積されているデンプンを酵素で糖に分解して屈折糖度計で測定すると、七月からすでにかなりの炭水化物が蓄積され始めていることがわかる。また収穫時期まで、そのペースは早くなったり逆に大幅にダウンすることがない。キウイの糖度はモモやイチジクのように収穫前に急速に蓄積するタイプではなく、長距離ランナーのように生育期間中を通じてじっくりと蓄積されるタイプである。

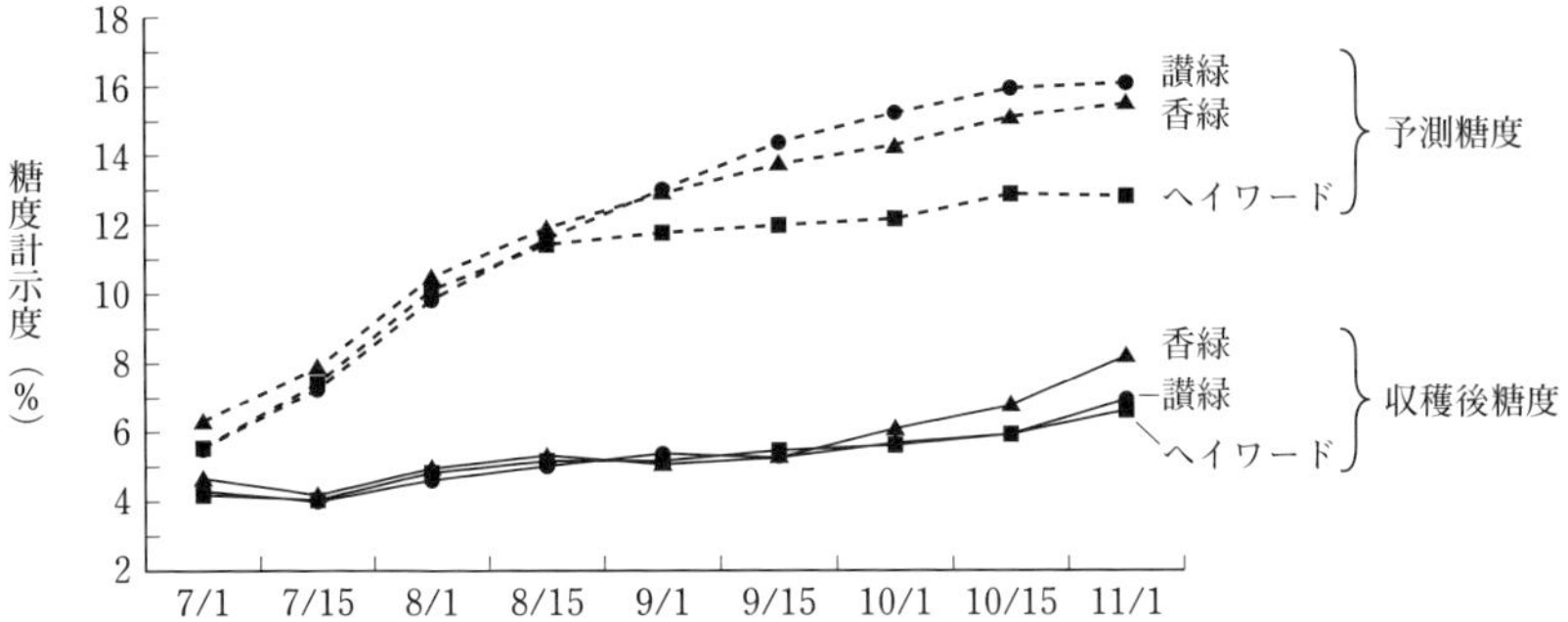

図4−9　キウイフルーツ品種別の収穫直後糖度と酵素法による予測糖度の推移

（福田，2001）

1997～2001まで5年間の平均値

●果実品質はどう見きわめる？
——モニタリング法の実際

摘果のところで解説したように、キウイの果実は早期に肥大するので、早期一発摘果がポイントである（八一ページ）。しかし、果実糖度のモニタリングは難しい。大きさはノギスで測ればわかるが、キウイの糖度はデンプンの測定が難しいからである。

しかし香川県では酵素法という方法でモニタリングを行なっている。この方法は若干手間はかかるが、屈折糖度計だけで測れるので、経費がかからず、普及センターやＪＡで容易にできる。以下、その方法を紹介しておこう。

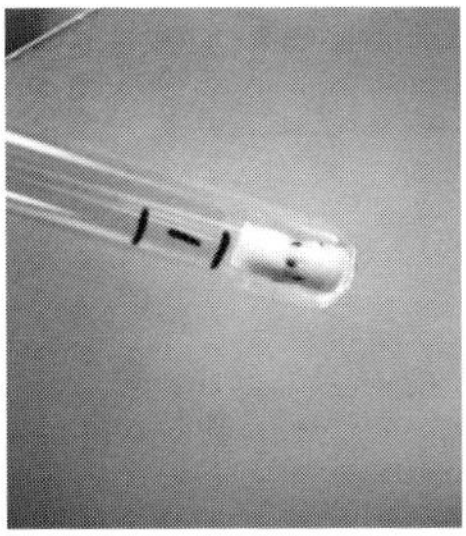

写真4−10ａ　切り出した果肉を試験管に

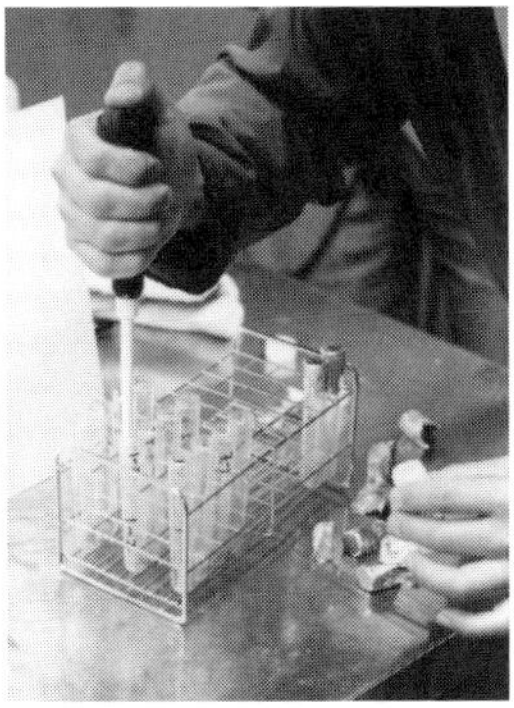

写真4−10ｂ　加熱冷却後，酵素液を注入

・酵素利用による果実糖度予測の手順

①果実を約五㎜幅にスライスし、この切片四～五枚の緑色の果肉部をコルクボーラーで打ち抜き、小さな果肉ディスクを作成

②果肉ディスク（約二ｇ）を試験管に入れ、アルミホイルなどで密封（写真4―10ａ）

③糊化（沸騰水中で一〇分間加熱）

④冷却後デンプン分解酵素（二・〇～二・五㎎）を添加（写真4―10ｂ）

⑤定温器（三〇℃）で一八～二四時

間、保温して酵素を反応させる

⑥酵素反応液の糖度を屈折糖度計で測定（追熟果予測糖度）

※デンプン分解酵素は、天野エンザイム㈱製（℡〇五二―二一一―三〇二二）。グルクザイムＡＦ６、価格は一kgで一万円くらい。

●収穫前の品質向上策

香川県では、このやり方で九月上旬から定期的に果実をサンプリングし、園地区分や収穫時期の決定に利用している。

このモニタリングでわかるのは、品質の年次変動である。また園地間差もわかる。おいしい果実が生産されている園地かどうかが明らかになる。

最近は、収穫果を近赤外線やレーザー光線で非破壊的に調べる糖度選果機も開発されている。これによって糖度が低い園地は、「来年はこうしなさい」といった指導が行なわれている。しかし、香川県のサンプリング方式なら、作の途中でその結果を生かすことも可能だ。たとえば、八月下旬～九月上旬に糖度が低いと指摘された園地では、

①マルチや排水溝を掘るなどしてゆるやかな乾燥状態を維持する。こうすることで、果実の収穫前肥大を抑えるとともに、チッソの遅効きによる品質低下と、秋梢の萌発を防止する。

②また、霜の被害を受けない時期まで収穫を遅らせ、糖度上昇を待つ、などの対応を行なうことができる（右の二点は香川県の実例）。

樹勢が強ければ、八月下旬～九月上旬でも、追加の環状剥皮も多少の効果が期待できる。

●環状剥皮による品質向上

果実の品質向上に有効なのが、環状剥皮である。いま述べたように、樹勢が強ければ八月下旬～九月上旬でも効果はあるが、ふつうは夏の糖度上昇期直前、八月中旬から下旬にかけて幅五～一〇㎜程度を剥皮する（表4―4）。

この環状剥皮で注意したいのは樹勢

表4－4　環状剥皮の処理時期が「さぬきゴールド」の果実品質に及ぼす影響　（福田，2006）

試験区	果実重(g)	果実硬度（kg /cm²）		糖度（%）		クエン酸含量（%）
		収穫後	追熟後[z]	収穫後	追熟後[z]	
7/1処理区	219.6	3.32	1.19ab	8.6ab	15.6b	0.28
7/15処理区	222.1	3.37	1.40c	8.8ab	15.6b	0.29
8/1処理区	233.0	3.21	1.11a	10.6c	15.9b	0.30
8/15処理区	231.7	3.23	1.29bc	9.6bc	16.2b	0.39
無処理区	227.9	3.30	1.17ab	7.5a	14.0a	0.40
有意性[y]	N.S.	N.S.	**	**	**	－

z：エチレン処理後，15℃追熟
y：Tukeyの多重検定により異符号間に有意性あり

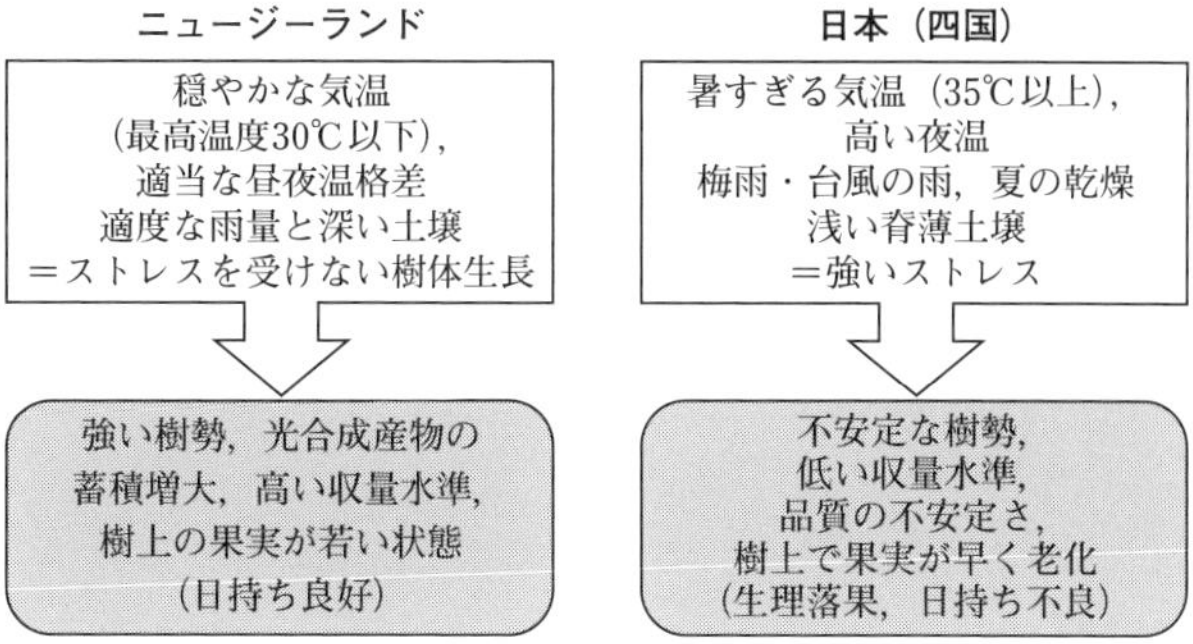

図4−10　ニュージーランドとわが国とのキウイ生育条件の違いと果実品種

の維持である。樹勢衰弱樹では枝の枯れ込みや、下手をすると枯死も招く。環状剥皮は強めの樹勢が維持できている樹で処理するのが基本である。

もう一つ環状剥皮で気を付けなければいけないのは、果実の貯蔵性への影響だ。ヘイワードなど緑色系品種ではあまり影響ないが、早生の黄色系品種は貯蔵性がかなり低下する傾向がある。これは環状剥皮によるストレスがエチレンの発生に関与しているからと考えている。

ニュージーランドでは多くの園地でゴールド種も環状剥皮が行なわれている。しかし、貯蔵性にはあまり問題がないようである。深い土壌、温暖な気候、適当な雨というキウイに理想的な条件であれば、多少のストレスもあまり影響しないのかもしれない。日本では、浅い土壌、三五℃を超える酷暑、梅雨の雨、夏の乾燥、台風とストレスを強く受ける（図4—10）。黄色系品種で環状剥皮を行なうときは、くれぐれも樹勢維持に留意する。

●樹体栄養の評価と対応

キウイの果実糖度は、適正な樹勢が維持されているという前提でいえば、秋の樹体チッソレベルが低い園地で糖度が高い。秋のチッソレベルが低い園地とは、排水がよく、施肥チッソが遅効きしない土壌と、夏秋梢が多発せず、秋の根の発根量が多くないことの二点が特徴である（図4—11）。

排水の悪い園地は梅雨の雨、台風の雨などで根腐れが発生し、根量の減少から乾燥被害を受けやすくなる。水はけの悪い園地ほど、かん水が必要となる。こうした園地では土中の有機物が無機化しやすく、チッソが夏に大量に放出される。葉は乾燥によって梅雨明け後に焼けが発生し、落葉。葉の不足から九月以降、秋枝が多発し、この枝の生長に光合成産物が浪費され、果実へのデンプン集積は減少する……という悪循環に陥る。

チッソ栄養の制御が果実品質の制御のすべて、とはいえないが、正常に生育している園地では、チッソを遅効きさせないような水管理、施肥管理が必要である。

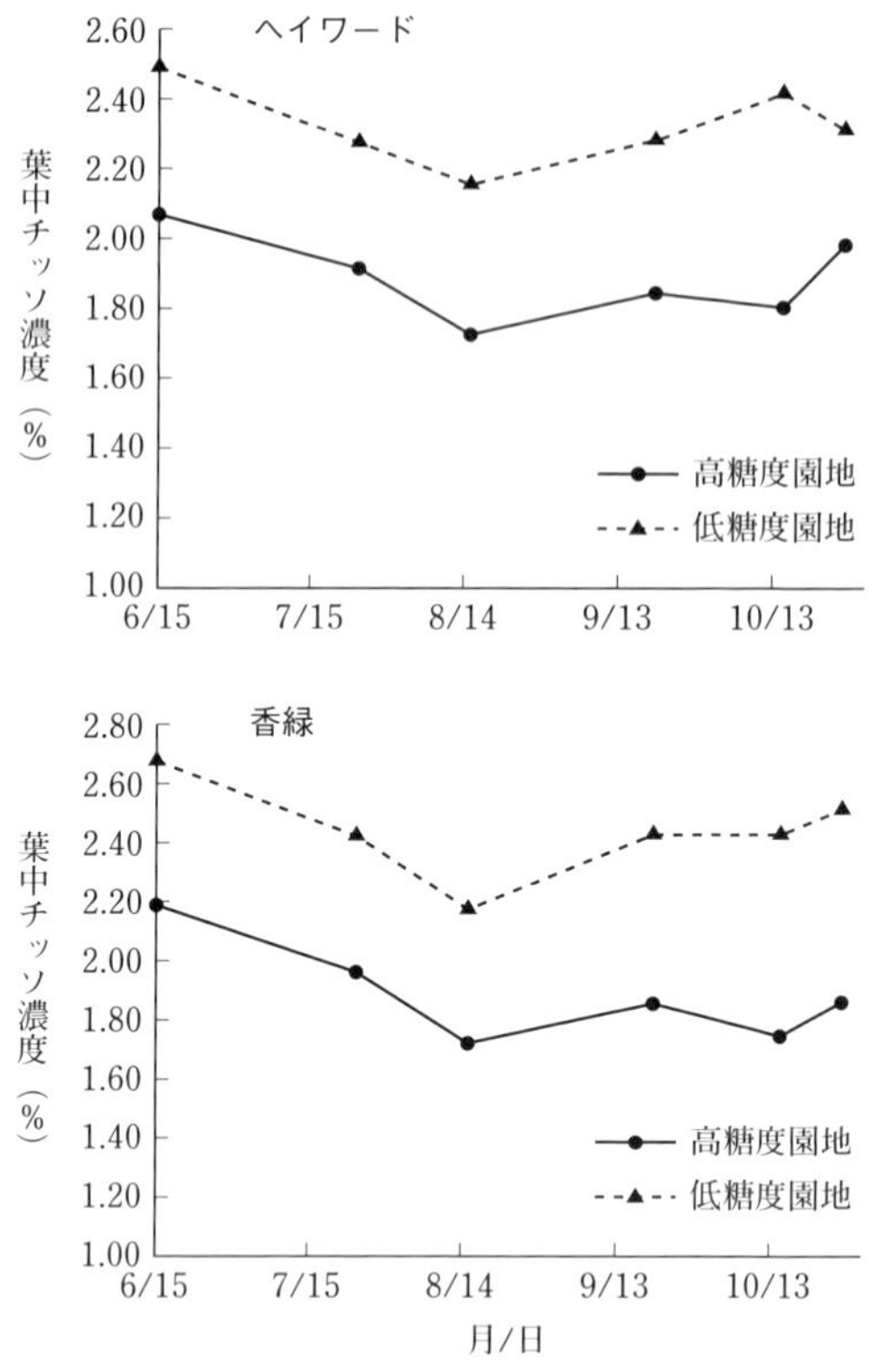

図4―11　高糖度園，低糖度園の葉中チッソ濃度の季節推移

（中西ら，1990）

5　秋の台風災害を乗り切る

●九月の落葉は翌年の着花を大きく減らす

国内のキウイ産地は、大半が台風の影響を直接受ける地域にある。台風被害への対応は、キウイ産地が必ず乗り越えなければならない課題である。

台風被害には強風による落葉や潮風害、大量の降雨による根の湛水被害がある。

このなかでもっとも深刻なのが、風による落葉であろう。落葉被害はその時期と程度によって、ダメージが異なる。

福岡県農業総合試験場の姫野らは一九八五年九月にヘイワードの摘葉処理を行ない、翌年の着花を調査した。その結果によると、九月十三日処理は翌年の着花枝発生率が大きく減少させたが、九月二十七日処理では影響が少なかったとしている（表4―5）。しかし、同農総試の林らは、一九九一年九月二十七日に九州に上陸した台風一九号の被害を解析し、九〇%および一〇〇%落葉した樹で翌年の着花が減少したと報告している（表4―6）。

樹体条件や夏の着果量の多少、樹勢などさまざまな条件が影響するので一概にはいえないが、九月の落葉は樹体栄養不足から翌年の着花に影響を及ぼすと考えてよい（表4―7、8）。

●九月落葉と十月落葉で対応を変える

キウイ果実の炭水化物は七月から十月にかけて連続的に集積される。したがって、不幸にも台風被害を受けたばあいの果実品質は、落葉時期が早いほど悪くなる。

表4－5　摘葉処理樹の次年度の着花

（姫野ら，1987）

処理方法	母枝の全芽数	発芽率（%）	着花枝発生率（%）	新梢あたりの健全花数	新梢あたりの小花数
9月9日全摘葉	345	48.1	24.9	1.0	1.1
9月13日全摘葉	296	54.7	26.5	0.8	1.1
9月27日½摘葉	118	72.0	97.6	4.3	0.9
9月27日全摘葉	97	62.9	95.1	3.5	0.6
無　処　理	117	61.5	100	4.2	1.5

ヘイワード4月24～25日調査

表4－6　台風19号による早期落葉の程度と翌年の発芽および着花（1991年9月27日上陸）　（林ら，1993）

区	切り返し母枝率（%）	発芽率（%）	1結果母枝あたり			
			母枝長（cm）	芽数（芽）	発芽数（芽）	着花数（花）
50%落葉	95.7	59.0	71.0	6.3	3.7	9.8
90%落葉	84.7	56.2	46.4	4.9	2.8	2.3
100%落葉	72.6	60.8	32.3	3.8	2.3	0.0

表4－7　台風19号による早期落葉樹の収穫時期と果実品質

（1991年9月27日上陸）　（林ら，1993）

収穫時期	調査時期	果重（g）	硬度（kg）	糖度（%）	果肉色			クエン酸（mg/100mL）
					L	a	b	
10月11日	収穫時	96.1	11.7	5.5	53.34	－17.90	23.34	1.54
	追熟時	98.6	4.7	9.6	46.12	－16.87	19.26	1.43
10月21日	収穫時	97.3	11.0	4.8	53.46	－15.90	23.44	1.47
	追熟時	84.0	2.3	10.4	40.13	－11.87	15.33	1.19
10月31日	収穫時	85.5	11.5	5.5	50.58	－12.54	22.10	1.45
	追熟後	81.5	3.1	10.9	40.53	－12.73	15.73	1.27

注）硬度はマグネステーラー，5/16インチ　プランジャー使用
果肉色：Lは明度，aは数値が小さいほど緑が濃くなる，bは数値が大きいほど黄色が濃くなる

表4－8　台風19号による早期落葉樹の収穫時期と着花状況

（1991年9月27日上陸）　（林ら，1993）

収穫時期	1樹あたり					1結果母枝あたり		
	母枝数（本）	芽数（芽）	発芽数（芽）	発芽率（%）	着花数（花）	芽数（芽）	発芽数（芽）	着花数（花）
10月11日	187	1,158	511	44.1	116	6.1	2.7	0.6
10月21日	221	1,320	590	44.6	249	6.0	2.7	1.0
10月31日	242	1,355	606	44.8	40	5.6	2.5	0.2

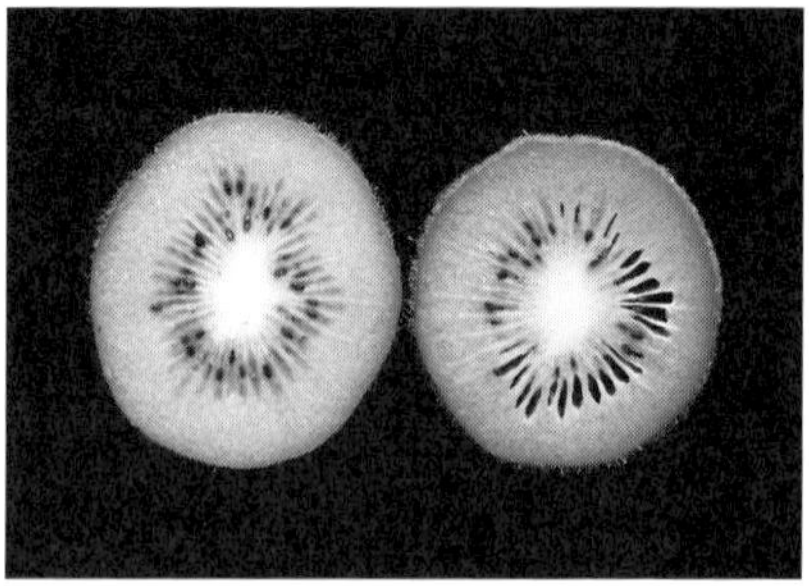

写真4－11　果実が直射日光にさらされると空洞果になりやすい

また前記、福岡農総試の林らが行なった被害解析では、一〇〇%落葉した樹の果実を樹上に置いても品質は改善されない。しかも、十月三十一日まで果実を収穫せずに残していた樹は、翌年の着花数を大幅に減少させている。

以上から、台風被害を受けた樹の対応は、次のようになる。

①落葉時期が九月中のばあい、落葉程度が五割以下ならその程度にあわせて着果数を再設定する。こうすることで当年の残った果実品質の維持と翌年の着花がある程度確保される。

また果実が直射日光にさらされて高温になると、空洞果が発生しやすい（写真4―11）。落葉被害が部分的なら、果実が直射日光にさらされないように摘果をやり直す。

ただ、落葉程度がひどいばあいは、全摘果して翌年の着花確保を最優先とする。

②被害が十月のばあいは果実を早期に収穫し、翌年の着花を確保する。収穫した果実は品質区分に応じた区分集荷、区分販売を行なう。

以上は大まかな考え方である。台風被害は地域、時期、品種、樹齢、樹勢で様相が異なる。被害に遭ったばあいは地域の指導機関などと十分な協議を行ない、対応を考える。

●台風被害を小さくするには

台風被害対策は「祈るか、あきらめる」しか対応はないのか？　少しでも小さくできる方法を考えてみよう。

①暴風雨対策を部分集中的に

まずは、防風垣の設置を考える。効果と費用のバランスを考えると完璧な防風ネットを設置するのは難しいが、全園を守るのではなく、風あたりの強い場所を部分的集中的に対応する方法も考えられる。最悪のばあい、「この樹だけは助けたい」という場所をつくることも考えられる。

雨の被害も、園内で湛水しやすいところ、地下水が上がってきやすいところ、水が集まりやすいところに部分的に排水対策を講じておくとよい。これは樹の経済寿命を延ばし、長雨年の品質改善や収量改善にも役立つ。ぜひ、休眠期の作業として計画してほしい。

②強風に強い品種選び

著者の経験では、品種によって耐風性はかなり異なる。ヘイワードや香緑は葉が脆く、強風でちぎれやすい。逆に「さぬきゴールド」や「魁蜜（アップルキウイ）」などは葉が皮革のような感じでちぎれにくい。サルナシの雑種である「香粋」は葉が頑丈で小型のため、かなり強い風が吹いても葉がちぎれ飛ぶことがない。台風による落葉被害は心配していない、というのが「香粋」栽培農家の感覚である。香川県では平成十六年が台風の当たり年だったが、「香粋」については風による落葉がまったくなかった。台風常襲国日本では、このような品種の栽培比率を上げていくことが必要かもしれない。

6 この時期の病害虫防除

●果実軟腐病の防除

キウイ果実軟腐病は、樹皮や枯れ枝に潜伏していた胞子が六月の梅雨、九月の秋雨で伝染する。秋雨が多い年は要注意である。香川県では、袋かけなどの耕種防除以外に、アリエッティ水和剤、フロンサイドSC、ロブラール水和剤の散布を防除暦に採用している。

アリエッティ水和剤の使用時期は登録用件が収穫前一二〇日なので、散布は幼果期となる。収穫日を考え、遅れないように注意したい。とくに「レインボーレッド」など収穫時期が早い品種を混植する園地では、収穫日から逆算して散布日を設定しないと安全使用基準から外れる。注意してほしい。

夏季にはフロンサイドSCの散布が有効である。ただし、かぶれが発生しやすいので、散布後一週間は園に入らない。ロブラール水和剤は収穫前に散布する。この剤は浸透移行性がないので、むらなくていねいに散布する。

●キウイヒメヨコバイ対策

最近、キウイヒメヨコバイの発生が増加傾向にある。多少の被害は問題ないが、発生が多く、気になるばあいは殺虫剤を散布する。

（末澤克彦）

第5章 収穫、追熟、貯蔵

1 収穫作業の勘どころ

●追熟が必要な果実

キウイフルーツは、樹上で完熟して収穫直後に食べられるミカンやブドウなどと異なり、収穫して追熟したあとでなければ食べることができない。これは成熟に伴う成分変化（糖の増加や酸の減少、香気成分の増加、果肉の軟化、着色の進行など）が樹上ではおこらないためである。

キウイフルーツは、生育期間中の光合成産物をデンプンとして蓄積するが、このデンプンは六月から直線的に増加し、十月にピークに達したあと糖に分解されて、急激に減少する（図5―1、図5―2）。

しかし、近年導入が進む黄色系キウイでは、緑色系キウイと異なる成熟特性を示す。つまり、「ヘイワード」など緑色系品種の果実は、生育期間中は比較的硬いままで経過し、糖度はデンプンの糖化により徐々に増え、酸含量も少しずつ減っていく。これに対し、「さぬきゴールド」などの黄色系品種は、緑色系品種に見られない急激な硬度・酸含量の低下と糖度上昇が見られる（図5―3）。また、黄色系品種は樹上で軟化しやすく、可食状態だと勘違いして食べると果芯部が硬く、酸もまだ高く、食味は劣る。けっして樹上で熟したわけではない。

ではそうしたキウイフルーツの収穫適期を見分けるにはどうしたらいいのだろうか。

●収穫適期の見つけ方

キウイフルーツは、成熟期の果実が硬く、果皮色が変わらないため、収穫適期の判断が難しい。内容的にも収穫時の果実はデンプンが多いので、追熟させてからでなければ品質評価ができない。では、何を判断材料として、収穫適期を考えればよいだろうか？

①収穫時の糖度

果実の生理からいうと、収穫適期はデンプンの蓄積が完了し、糖への分解が始まったときである。その指標には果実の屈折糖度を用いることができる。

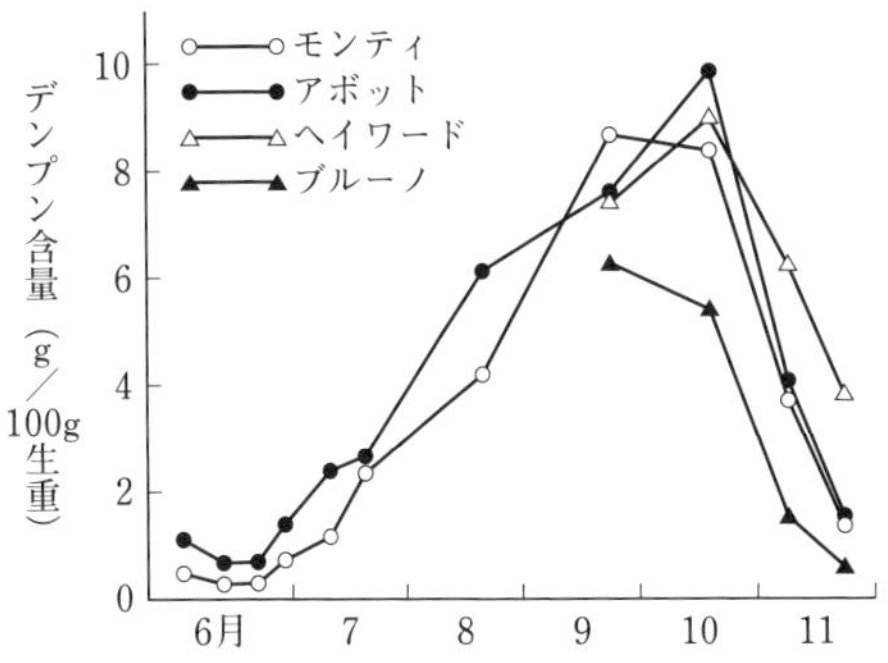

図5−1　キウイフルーツ果実生育中のデンプン含量変化

（水野ら，1980）

6月からほぼ直線的に上昇し，10月にピークを迎える

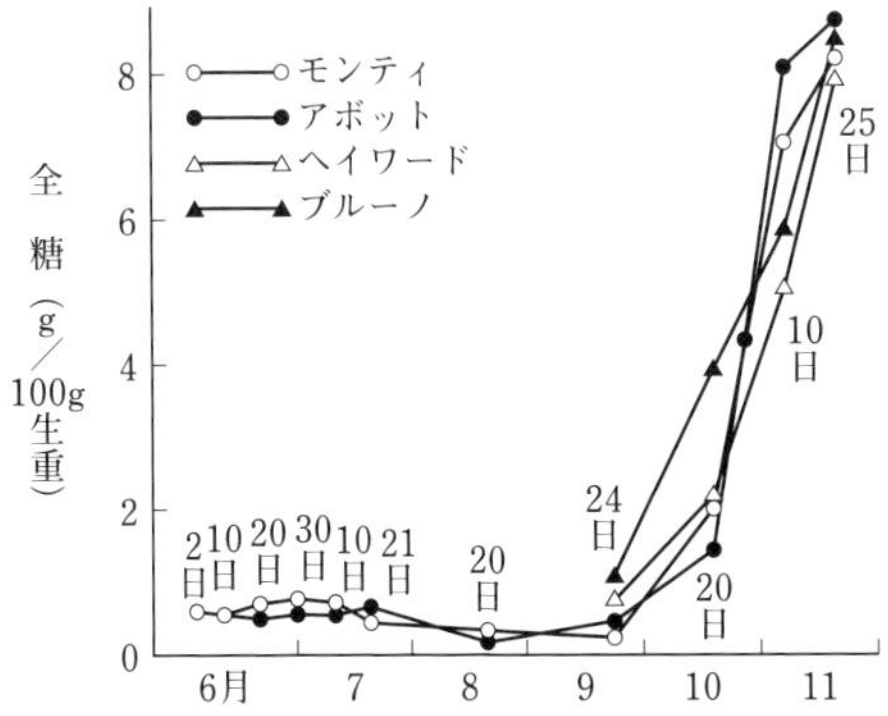

図5−2　キウイフルーツ果実生育中の糖（全糖）含量変化

（水野ら，1980）

10月にピークになったデンプンが分解し，糖に。そのピークは11月

緑色系品種は糖度六〜七％で

ヘイワードなどの緑色系品種では、糖度が上昇し始める前の六〜七％で収穫するとよい。その時期はだいたい十月下旬〜十一月上旬だが、年によって二週間程度前後する。収穫時期が早すぎると追熟後の糖度が低く、遅すぎると霜害を受けやすく、貯蔵性が劣る。

近年は暖冬の影響で初霜や落葉が遅れる傾向にあるので、果実品質を重視するばあいは、糖度六〜七％にこだわらず、収穫時期を遅らせて果実の増糖を図るという手もある。しかし、霜害に遭うと果実が傷みやすいので、初霜の前には収穫する。

黄色系品種は糖度九〜一〇％で

一方の黄色系品種は、成熟期が十月中〜下旬と早いものが多い。

表5−1は、さぬきゴールドの時期別の果実品質を、収穫後と追熟後に調査したものである。収穫時期を遅らせると追熟後の糖度が高く、果肉も黄色になり、品質が向上し、食味もよくなる。しか

し、遅らせすぎると樹上で軟化し始め、果実表面が萎凋する（写真5—1）。もちろん、軟化した果実の貯蔵性は明らかに劣る。収穫時期の決定には、細心の注意が必要である。

これまでの蓄積データから黄色系キウイは緑色系キウイより生育期間中の糖度が高く、また糖度が一〇％を超えると急激にデンプンの糖化が始まると考えられる。したがって、黄色系品種は緑色系品種より高めの糖度九〜一〇％程度で収穫するのが望ましい。ただ成熟末期の糖度上昇は急で、九〜一〇％程度というこのタイミングは見逃しやすいので、九月下旬になったら定期的に調査を行なうなど細かな対応が必要である。

②追熟後糖度を予測 強制追熟で調べる

早期に追熟果糖度を知るのに便利なのが「強制追熟」という方法だ。果実にエチレンを処理して、強制的にデンプンを糖に分解し、追熟させる。強制追熟は、食味よりデンプンの糖化を優先させ、通常の追熟より温度は高めに設定することで（二〇℃前後）、追熟

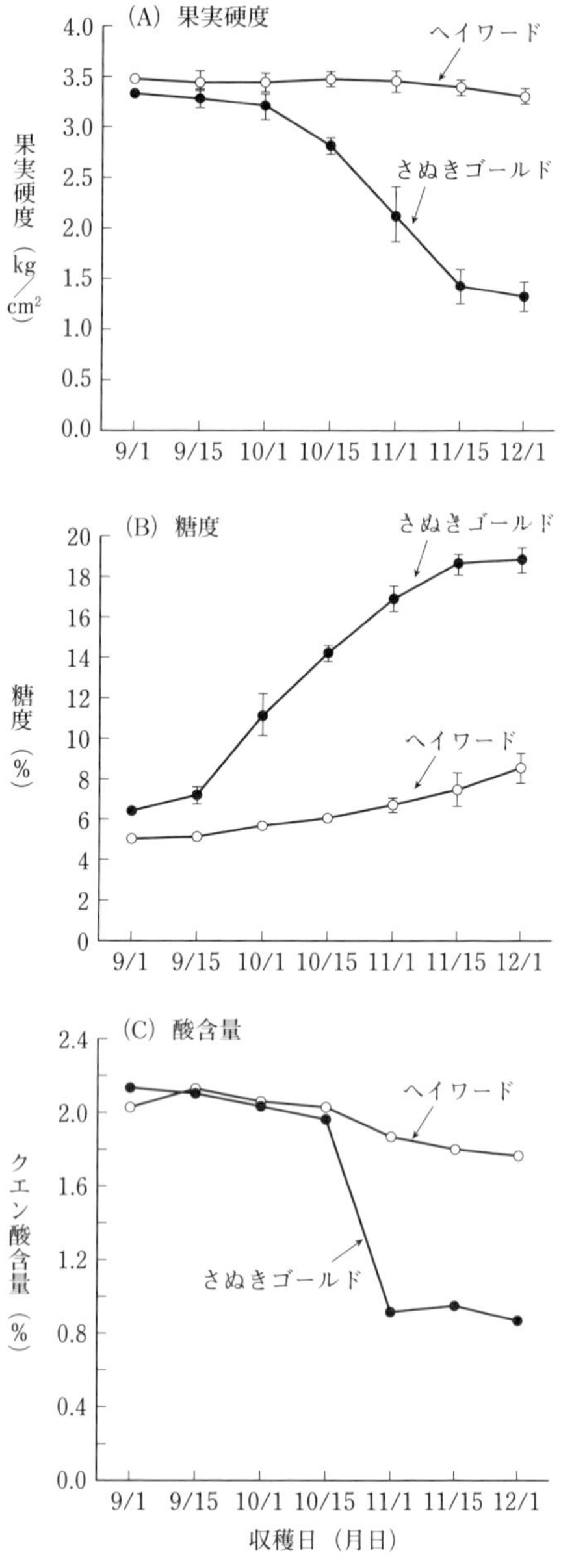

図5—3　品種別の樹上果実成分の経時変化
（福田，2004）

表5－1　収穫時期別による「さぬきゴールド」の収穫後と追熟後^zの果実品質

（福田，2004）

試験区	満開後週数^y	果実硬度（kg/cm²）		糖度（%）		クエン酸含量（%）		色相角度h^x		食味評価^w	
		収穫後	追熟後	収穫後	追熟後	収穫後	追熟後	収穫後	追熟後	収穫後	追熟後
9/1収穫	17週	3.35d	1.28ab	6.3a	13.8a	2.11	0.36	106.7d	107.8f	1.0	2.0
9/15収穫	19週	3.31d	1.27b	7.2a	15.7b	2.09	0.32	102.7c	98.7e	1.0	2.4
10/1収穫	21週	3.22d	1.43ab	11.2b	16.4bc	2.03	0.35	97.9b	97.4d	1.0	4.4
10/15収穫	23週	2.82c	1.48b	14.2c	17.5cd	1.95	0.62	94.6a	95.5c	1.0	4.6
11/1収穫	25週	2.16b	1.47b	16.9d	17.5cd	0.91	0.65	94.5a	94.1ab	1.0	4.6
11/15収穫	27週	1.44a	1.30ab	18.6e	18.0d	0.94	0.62	93.7a	94.8bc	1.0	4.2
12/1収穫	29週	1.33a	1.25a	18.8e	18.6d	0.86	0.57	92.9a	92.8a	1.7	3.7
有意性^v		**	*	**	**	－	－	**	**	－	－

z：エチレン処理後，15℃追熟。　y：満開日　5/6
x：90°＝黄方向，180°＝緑方向
w：1（極不良），2（不良），3（普通），4（良好），5（極良好）
v：Tukeyの多重検定により異符号間に有意差有り（**は1%水準，*は5%水準）

期間が短縮され、早期の糖度測定が可能になる。追熟期間は品種によって異なるが、黄色系品種で五日、緑色系品種では七日程度である。

処理の実際は、以下のとおり。

①果実一〇個程度をポリ袋に入れる。

②ポリ袋の中にエチレン発生剤、またはエチレンガスを注入し、温度二〇℃前後の庫内で追熟させる（写真5―2）。

③追熟後（黄色系キウイ約五日後、緑色系キウイ約七日後）に糖度を調べる。

この方法は日数を要するが、確実に追熟果の糖度がわかる。一定の糖度基準を満たす最適な収穫適期が把握できる。

写真5－1　樹上で軟化した果実（品種：さぬきゴールド）

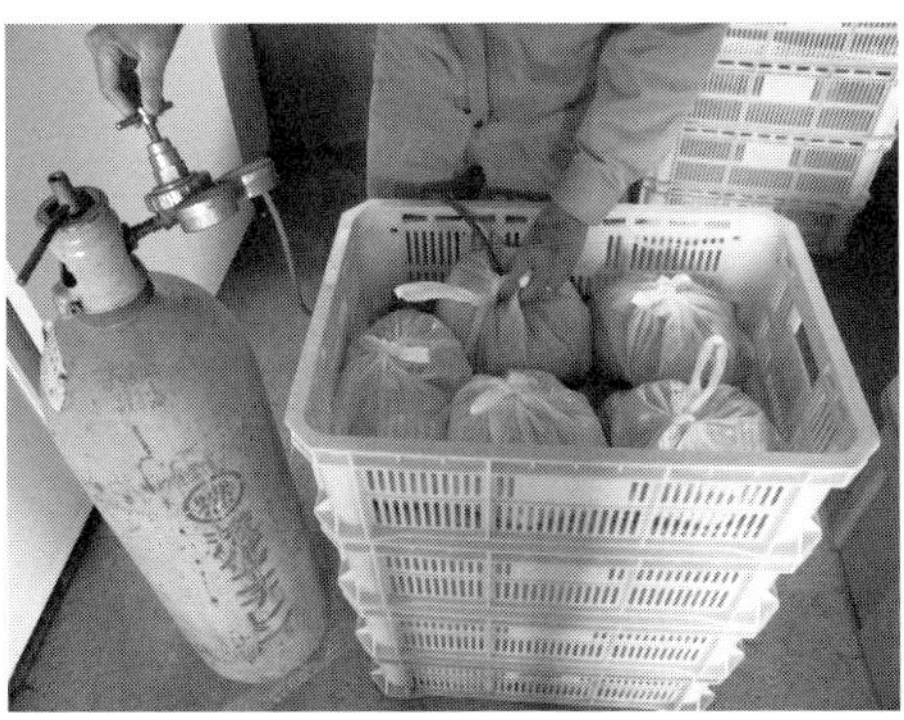

写真5－2　果実を入れたポリ袋にエチレンガスを注入し，強制追熟させる

デンプン分解酵素を利用

強制追熟ではなく、いまある果実のデンプンを酵素で分解して、追熟果実の糖度を予測するのが、野田が開発した方法である（表5―2、九三ページ「果実品質はどう見きわめる？」を参照）。この方法は、安価で入手しやすい食品加工用酵素剤（天野エンザイム㈱「グルクザイムAF6」）を使用し、糖度計があればだれでも測定が可能である。測定に二日間かかるが、先の「強制追熟」より短期間にできる。品質を重視した収穫適期の把握が早期にできる。

③満開日からの平均気温の積算値も利用

黄色系品種は収穫適期が短く、遅れると樹上軟化が見られ、貯蔵性が劣るため、収穫時期の判断がより重要である。香川県では、満開日からの平均気温を積算してより正確な収穫期を予測している。

たとえば、さぬきゴールドでは「満開後約一五〇日」「満開日からの平均気温の積算温度約三七〇〇℃」「収穫時の糖度一〇％程度」「収穫時の果実硬度三kg以上」の四項目を目安としている（表5―3）。このうちまず、積算温度から収穫期をおおまかに把握し、計画を立てる。基準の積算温度になる日がわかったら、その約七～一〇日前に全園で、果実品質（収穫時糖度、果実硬度、果肉色）を調査する。このときに、糖度一〇％以上、硬度三kg以下になっている園地

表5－2　品種と予測糖度の関係

（野田，1988）

品種名	予測糖度	追熟果	加算値*
ヘイワード	14.4	14.3	14.8
アボット	16.9	17.2	17.5
グレーシー	16.9	16.6	17.2
香　緑	16.7	16.9	17.2

*追熟前の糖度＋デンプン含量

表5－3　さぬきゴールドの果実品質と収穫日，成熟日数，日別平均気温の積算温度との関係

（福田，未発表）

年次	収穫後 糖度（%）	収穫後 硬度（kg/cm²）	追熟後[z] 糖度（%）	追熟後[z] 硬度（kg/cm²）	満開日（月/日）	収穫日（月/日）	成熟日数[y]（日）	満開日からの平均気温積算（℃）	特記事項
2002	8.6	3.26	17.5	1.46	5/ 4	10/ 2	151	3,780	
2003	11.2	3.04	18.2	1.45	5/11	10/20	162	3,791	
2004	14.2	2.73	18.3	1.13	5/ 6	10/ 7	154	3,867	台風被害
2005	11.5	3.20	17.3	1.16	5/11	10/ 7	149	3,741	
2006	10.9	3.20	16.5	1.24	5/17	10/12	148	3,629	
2007	9.2	3.28	16.1	1.34	5/10	10/ 9	152	3,799	

z：エチレン処理後15℃追熟
y：満開日から収穫日（満開日を含む）までの日数とする
測定地：香川県坂出市府中町

があったら、もうデンプンの糖化と果実の軟化が始まっているので、満開後日数に関係なく収穫を早める。糖度八〜一〇%以内だったら、基準日を目安に収穫する。糖度八%以下の園は、その後の品質向上を見込んで少し収穫を遅らせる（図5—4）。

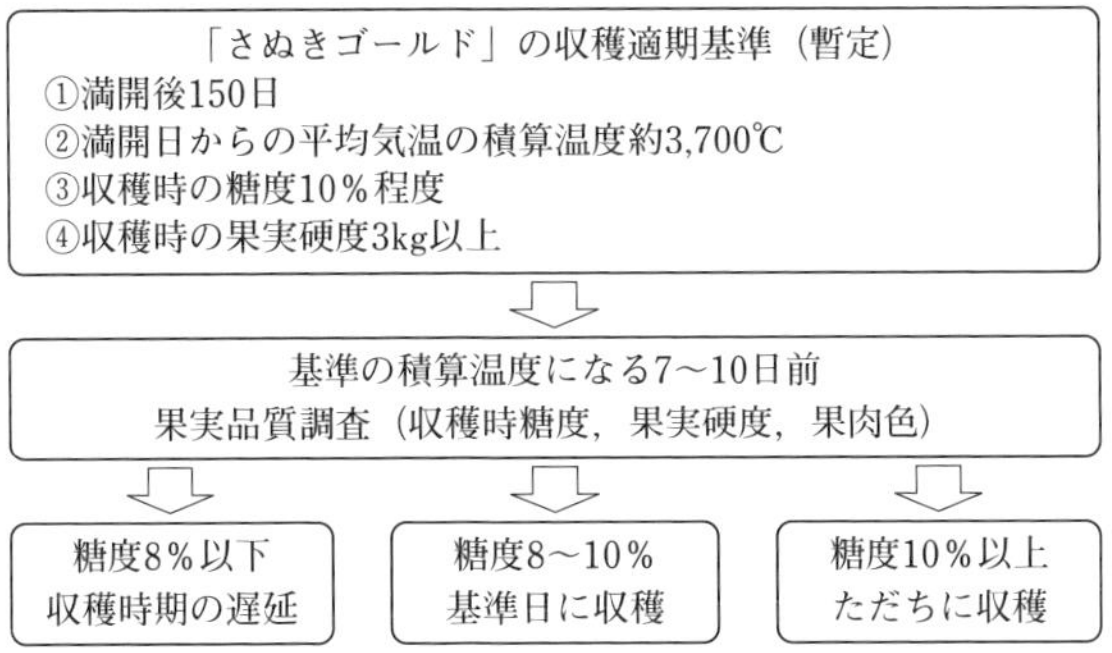

「さぬきゴールド」の収穫適期基準（暫定）
①満開後150日
②満開日からの平均気温の積算温度約3,700℃
③収穫時の糖度10%程度
④収穫時の果実硬度3kg以上
基準の積算温度になる7〜10日前
果実品質調査（収穫時糖度，果実硬度，果肉色）
糖度8%以下
収穫時期の遅延
糖度8〜10%
基準日に収穫
糖度10%以上
ただちに収穫

図5−4　香川県におけるキウイフルーツの収穫適期判断事例（品種：さぬきゴールド）

●収穫と入庫のポイント

①果実は絶対傷付けない

軽く果実を握って果梗（軸）を押し出すようにすると、軸が離れて容易に収穫できる。力まかせに引きちぎると果梗部に軸が残り、ほかの果実を傷付ける。また、素手で収穫しても爪で傷を付けやすい。傷付いたり軟化したりした果実が一個でも混ざると、エチレンが発生して、他の果実の貯蔵性を落とし、腐敗を招く。

収穫の際は、果実に傷を付けないこと（手袋は絶対に着用）、軟化した果実を混入させないことがもっとも重要である。

万一、傷付いた果実などが出たら出荷をあきらめ、家庭消費に回すようにする。

②果実温を下げて冷蔵庫に

キウイフルーツの収穫時期は降雨の影響で朝に湿度が高く、果実が湿っていることがある。こうした果実を収穫し貯蔵すると、雑菌やカビなどが繁殖しやすく、果実の腐敗や軟化を助長する。果実が湿っているときは無理に収穫せず、果実表面が乾いてからにすることが望ましい。

また、収穫は果実温度が上昇しない午前中に終えるのが基本だが、最盛期には午後から収穫するばあいもある。収穫後できるだけ早く冷蔵庫に入れるが、果実温が高いときは冷涼な場所で、いったん温度を下げてから入庫する。そのまま冷蔵庫に入れると、果実の呼吸量が多いため（表5—4）、ポリ袋の中で結露し、貯蔵中の軟化・腐敗を助長する。入庫は収穫の翌日になっても構わないので、果実温度を下げてから冷蔵庫に入れる。

表5－4　キウイ果実の温度別の呼吸速度

温　度（℃）	呼吸量（CO_2mL/kg/h）
20	8.0 ～ 9.0
10	6.0
4 ～ 5	3.0
2	2.2
1	0.97 ～ 1.6
0	1.3

●園地ごとに集荷、品質を揃える

キウイフルーツは、栽培管理の良否はもちろん、園地条件によっても果実品質が大きく左右される。またその果実品質差は、同一園地内や同一樹体のバラツキより、園地間差が大きいことが報告されている。つまり園地による出来不出来の差が大きい。したがって園地ごとに、糖度や体質（貯蔵性の良否や病気になりやすいかどうか）など果実品質のランクをつけ、区分集荷を行なって品質を揃え、高付加価値販売につなげることが重要である（表5―5）。

表5－5　香川県での糖度による園地区分事例
(JA香川県)

品種	ブランド名	平均糖度＊	最低糖度＊
香緑	スイート16	15.5％以上	14.0％以上
	特選	14.5％以上	13.0％以上
	レギュラー	14.5％未満	－
さぬきゴールド	黄様	14.5％以上	13.0％以上
	特選	13.5％以上	12.0％以上
	レギュラー	13.5％未満	－

＊酵素利用による予測糖度
1園地15果の調査

2 「果実体質」を見きわめる
――貯蔵で失敗しないために

キウイ果実を貯蔵するばあい、適度に硬く（硬度計で三kg／cm²以上）、果実表面の毛じの脱落が少なく、果皮の褐色が濃く、しおれてなく、大きさが中庸なものを選ぶ。傷や病害虫被害のない、軟腐病被害果でないものを選ぶのは当然である。

ところでキウイ果実の貯蔵性は何によって変化するのだろうか？

●貯蔵力に影響を与える要因

①栽培園地、とくに耕土の深さと樹勢

キウイフルーツの適地は、土壌が深く、排水と日照条件の良好な園地である。よく浅根性といわれているが、これは耕土が浅いところに植えられているからに過ぎない。とくにカンキツの転換作物として、その不適地に植栽されたことによる結果である。土壌中の酸素が少ないため、浅い根にならざるを得なかったのである。耕土の深いニュージーランドでは、根は四m以上深く伸び、樹勢も強い。耕土が浅いと根が浅くなり、干ばつなどの影響を受け

やすくなる。根が枯れると樹はストレスを感じて、葉を落とす。このため、果実の貯蔵性も低下する。

　また、排水不良園でも停滞水による過湿の影響で、貯蔵中の果実の軟化が早くなりやすい。とくに水田転換園でこの傾向が強い（図5―5）。

　さらに、日照条件が悪い園地では新梢が込みすぎて棚下が暗くなり、光合成が低下する。やはり落葉が助長されて、果実体質の低下や病害虫の発生を招きやすくなる。やはり果実の貯蔵力は数等落ちるのである。

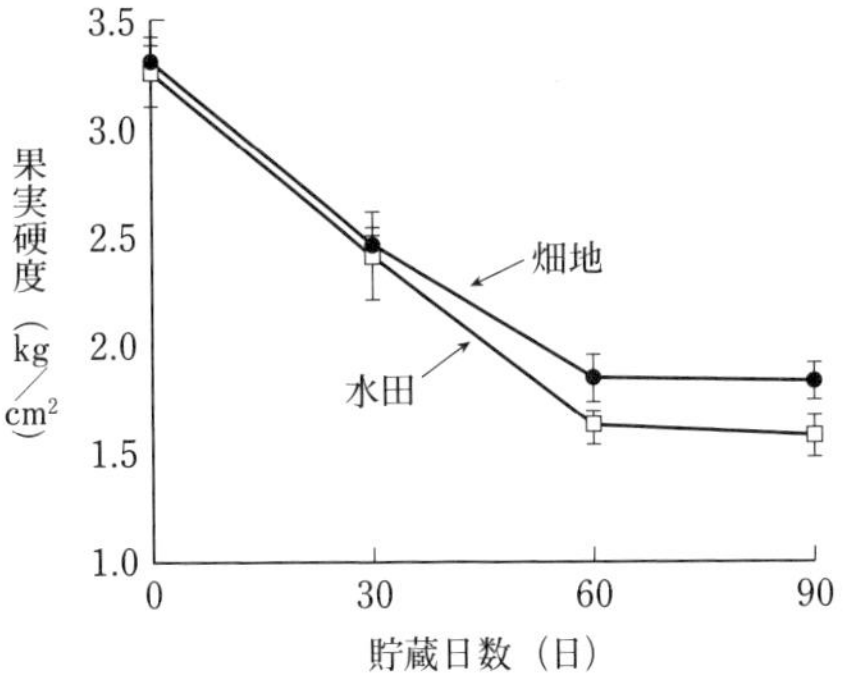

図5－5　栽培園地によって低温貯蔵中の果実硬度は異なる　（福田，2007）
（品種：さぬきゴールド）

②気象、とくに夏秋季の高温

　日本では、国産のキウイとニュージーランドを中心とする南半球のキウイとがリレーで販売され、通年供給されている。その両者をくらべて感じるのは、国産の果実がニュージーランド産より貯蔵性が低いということである。とくに、最近多い黄色系品種でそれを顕著に感じる。この理由として前述した日本とニュージーランドとの耕土の深さの違いに加え、夏季の気象条件も影響していると考えている。

　ニュージーランドの夏は比較的涼しく快適である。しかしわが国の夏は、梅雨明けから猛暑が続き、熱帯夜になることも珍しくない。近年はとくにその傾向が強い。こうした気候のもとでは、人が夏バテしやすいのと同様にキウイの樹体も消耗しやすい。国産のキウイがニュージーランド産にくらべて貯蔵性が短いのは、このためではないかと見ている（図5―6）。

　また、秋季が高温で乾燥しやすい年は、糖度が上がり、高品質な果実が生産されやすい。しかし、このような年は開花期からの積算温度が高くなり、樹上での成熟が進みやすく、収穫適期を逸しやすい。このため果肉先熟型の果実になりやすい。果肉先熟型の果実は、硬さと熟度がアンバランスであり、樹上では果肉の硬いままデンプンの糖化が進行しているので、追熟・貯蔵中の軟化が早くなりやすい。なかには、基準より硬くても可食状態になっているばあいもある。

　このことから、先の条件と併せ、夏～秋季になるべく高温ストレスのかか

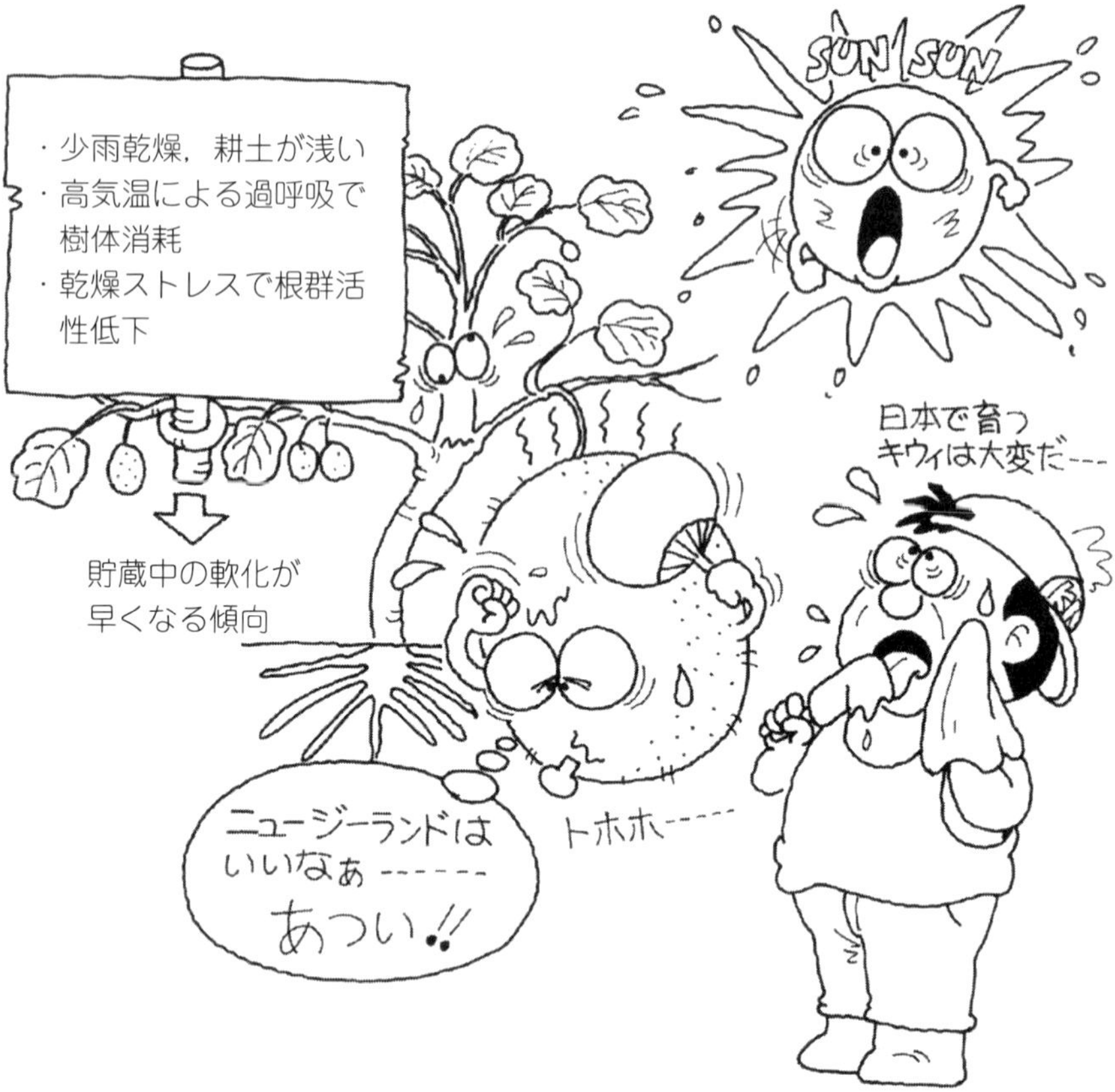

・少雨乾燥，耕土が浅い
・高気温による過呼吸で樹体消耗
・乾燥ストレスで根群活性低下
貯蔵中の軟化が早くなる傾向
SUN SUN
日本で育つキウィは大変だ---
ニュージーランドはいいなぁ------
あつい!!
トホホ----

図5－6　国産キウイが貯蔵中に軟化しやすいのは……

らない園地で栽培することも必要である。高温ストレスの少ない園地とは、北～東向きの園地で西日があたりにくく、夜温の低下が早く、日温格差の大きい園地である。西日が強く、昼夜の気温差が少ない園地では、樹は高温ストレスから激しく消耗し、葉の傷み、落葉、新梢伸長の不良、果実の小玉、空洞果、毛じの脱落などを招く。逆に西日があまりあたらず、夜温の低下が早いと、多少日中は高温ストレスを受けても、夕方以降は回復して、樹勢が維持されやすい。

黄色系キウイ品種は、緑色系キウイ品種にくらべ高温ストレスを感じやすいと考えられている。早期落葉や落果、果実の着色不良（黄緑色の果肉になる）などが発生しやすい。通常でも黄色系のキウイは貯蔵性が悪く、樹上で果実が軟化しやすい。高温ストレスが加わると、よりいっそう樹体が消耗しやすい。ヘイワードなどの緑色系品種以上のきめ細かな栽培管理が求められる（表5—6、写真5—3）。

毎年、高温ストレスを受けやすい園地などは、遮光ネットや木陰になる樹木を植栽してやることが大事である。

表5－6　早期落葉が「さぬきゴールド」の追熟後ᶻの果実品質に及ぼす影響　（福田，2005）

試験区	果実重 (g)	糖度 (%)	クエン酸含量 (%)	果肉色		
				L＊	C＊	h^y
早期落葉園	136.9	13.2	0.61	59.2	30.0	100.0
正常園	169.0	16.3	0.53	60.9	27.7	95.0

z：エチレン処理後，15℃追熟
y：90°＝黄方向，180°＝緑方向

写真5－3　「さぬきゴールド」の早期落葉園の果実は果肉色も不十分に

早期落葉園は緑～黄緑色で成熟する

③収穫時期の早晩

収穫時期の早晩は、果実品質と貯蔵性に大きな影響を及ぼす。一般に、収穫時期が早すぎると追熟後の糖度が低く、遅すぎると霜害を受け貯蔵性が劣る。

最近は暖冬の影響で初霜や落葉の時期が遅れやすい。そこで果実品質の向上をねらって収穫時期を遅らせる傾向にある。しかし、ヘイワードなど緑色系品種はもともと果実が硬いので、早霜の恐れがない限り収穫を遅らせても貯蔵性への影響は比較的少ないが、黄色系品種では、収穫を遅らせると樹上で軟化し始めるため、貯蔵性が劣ることがある（図5—7）。

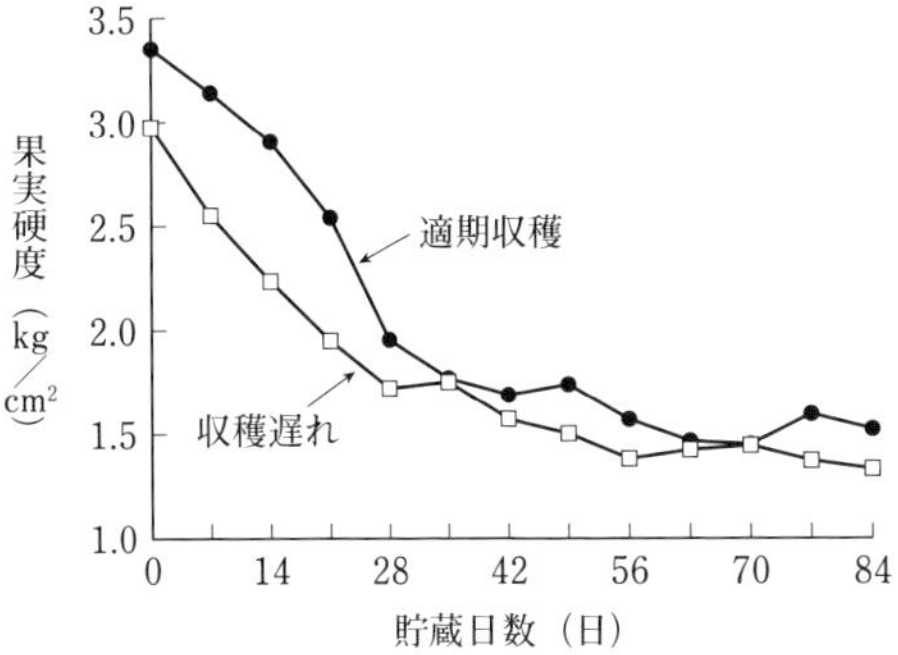

図5－7　収穫遅れの果実は硬度の低下が早い　（福田，2003）

品種：さぬきゴールド。果実は5℃貯蔵中のもの

④果実体質を総合チェック

これまで、貯蔵力に影響を与える要因を見てきたが、図5—8に要因と対策としてまとめたので自分の園地について観察・診断してみてほしい。

	要因	具体的な内容	対策
栽培条件	耕土の深さ	耕土が浅いと，根が浅く分布するため，干ばつの影響を受け，根が枯死しやすい	土壌改善（有機物投入，客土，深耕）
	排水性	排水不良園では，停滞水による過湿の影響により根腐れしやすい	土壌排水対策（暗渠，溝切り，高うね）
	日照条件	棚下が暗いと，葉の光合成が低下し，落葉を助長する	適正な新梢管理（夏せん定）
	立地条件	西日が強く，夜温が低下しにくい園地は，樹体消耗が激しい	遮光ネットや木陰になる樹木の植栽
気象条件	夏秋季の高温乾燥	高温ストレスによる樹体消耗	遮光ネットや木陰になる樹木の植栽
	台風	早期落葉による樹体消耗	防風樹の設置
栽培管理	収穫時期	収穫遅延による熟度進行	適期収穫

図5－8　キウイフルーツの貯蔵性に影響を及ぼす要因と対策（福田）

●冷蔵の方法と貯蔵力

①貯蔵温度は一～二℃

貯蔵中の果実の呼吸を抑制し、長期間保存するために、温度管理は重要である。一般に貯蔵温度が低いほど、果実硬度が維持され、腐敗果の発生も少なく、長期間の貯蔵が可能である。ただ、キウイフルーツはマイナス一・五℃になると凍結するとされている。したがって、実用的な貯蔵適温は一～二℃とし、貯蔵庫の性能、大きさなどを考慮して最低温度がマイナス一℃を下回らないよう温度設定する。

また、園地の事前評価や集荷した果実から果実体質をランク分けし、貯蔵力に応じた出荷を行なうための温度設定も考える（表5－

表5－7　貯蔵方法と特色　（真子，1987）

貯蔵法	貯蔵期間	貯蔵条件	特色と貯蔵効果を上げる手だて
常温（短期）	2～3カ月	1～10℃ 100% RH	①貯蔵前の低温処理（20日）で期間延長可 ②温度の日変化が少ない貯蔵庫 ③土壁式で良好 ④－1℃以下にしない ⑤日あたりのよい果実
低温（中期）	4～5カ月	5±2℃ 100% RH	①簡易低温貯蔵庫 ②温度の精度を高くする ③循環送風で庫内温湿度の均一化 ④入庫率を15%以下にする
低温（長期）	6～7カ月	1～2℃ 100% RH	①循環送風による庫内温湿度の均一化 ②風の通り道 ③パレットの間隔をとる ④果実厳選の徹底 ⑤貯蔵性に富む果実の生産

注）RH（Relative Humidity）は相対湿度

7）。つまり、貯蔵力の悪い園地の果実は早めに出荷し、貯蔵力の強い園地の果実は長期貯蔵に回すなどの貯蔵方法である。

②貯蔵湿度は八〇%以上（MA貯蔵）

一方、貯蔵湿度は、果実の蒸散による果皮のしおれを防ぐため、相対湿度九五%以上が必要である（図5―9）。低温下でこのような高い湿度を保持するには、裸果貯蔵では加湿機を用いなければならないが、共同選果場などの実際の貯蔵現場ではより簡易なMA貯蔵（注）が行なわれている。コンテナ内に〇・〇三㎜厚程度のポリエチレンフィルムを敷き折りたたんで果実を包装する程度で（写真5―4）、特別な装置を必要としないので広く実用化されている。この方法だと、フィルム包装による呼吸抑制と蒸散抑制が期待できるため、庫内の湿度も八〇%以上あればよい。フィルム内の結露を軽減し、カビの発生を抑えるため、新聞紙をフィルムの中に入れる共同選果場もある。

（注）MA（Modified Atmosphere）貯蔵とは、プラスティックフィルムで青果物を包み、青果物の呼吸と蒸散を抑制して貯蔵性を高める方法。スーパーなどで販売されている野菜は、フィルムで包装された形態で販売

写真5－4　平コンテナを利用したMA貯蔵（品種：さぬきゴールド）

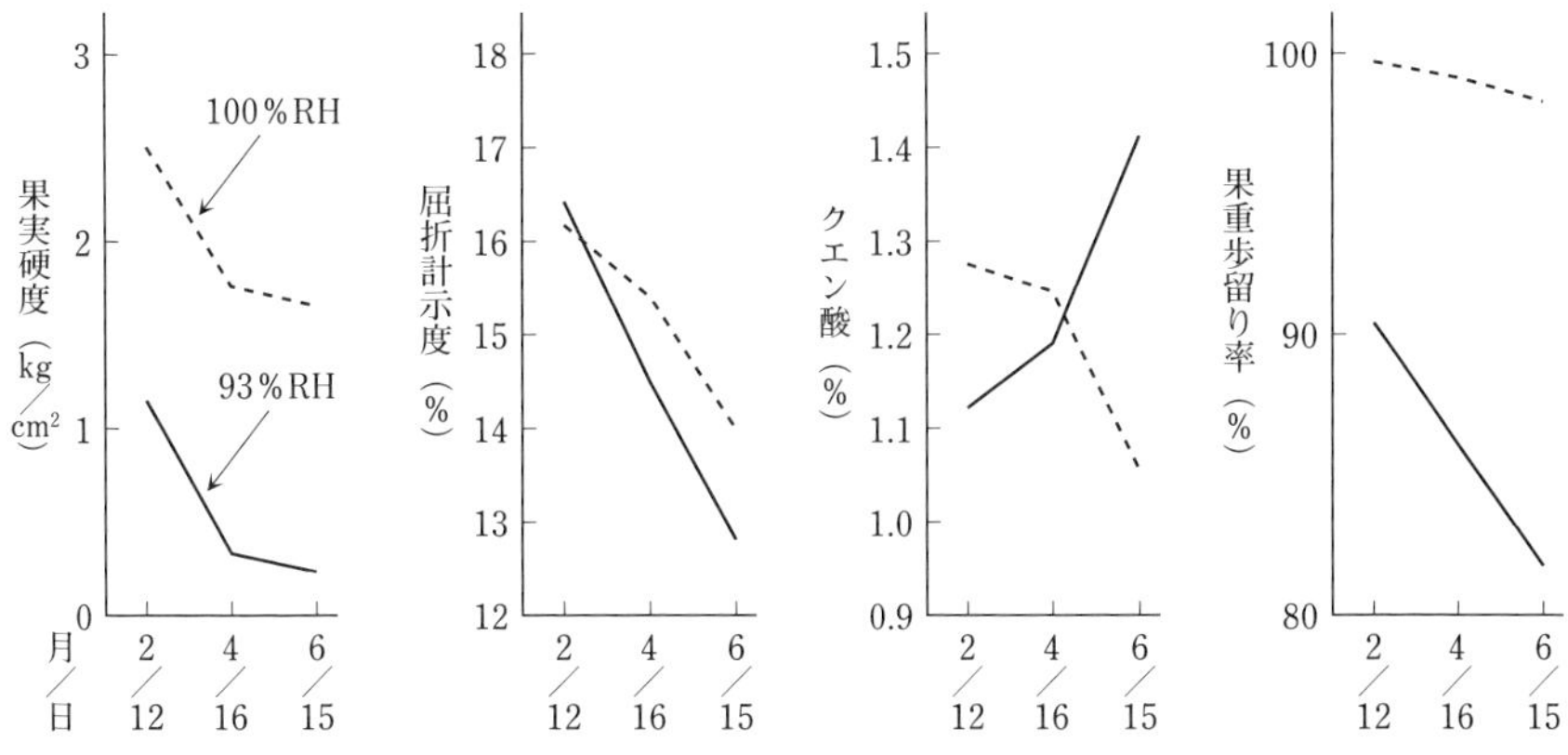

図5－9　貯蔵中の湿度の違いが果実品質変化に及ぼす影響（5～6℃条件下）
（真子，1982）

されており、これもMA貯蔵である。

③包装フィルムはポリエチレン

ポリエチレンにくらべてビニールは、ガス透過性が低い。ビニールで包装して貯蔵すると、果実が呼吸して消費した酸素が十分補給できず、低酸素状態となる。極端にその状態が進むと無気呼吸が誘導され　キウイの果実にエタノールやアセトアルデヒドが増加し、異臭がするようになる。

貯蔵の際にはビニールは避け、ポリエチレンの袋を用いる。

④貯蔵サイズと荷積み

キウイの貯蔵はコンテナを利用して貯蔵するが、中に入れる果実は、可能重量の約七〇～八〇％とし、それ以上は入れない。コンテナ内に大量の果実を入れると、果実の呼吸で温度が上がり、冷蔵庫に入れてもなかなか果実温度が下がらない。果実温度の低下が遅れると果実自身が消耗し、貯蔵能力が低下する。

写真5－5　プレハブ貯蔵庫内でのコンテナ貯蔵

同様の理由で、コンテナを荷積みするときもあまり高くしないで冷気がまんべんなく行き渡るよう、積み荷同士二〇cm程度間隔を空ける（写真5―5）。

●エチレンの吸着分解の実際

キウイフルーツとエチレンの関係は複雑で、追熟して食べ頃にするにはエチレンが必要だが、長く貯蔵するためには不要であり、エチレンは厄介者でしかない。選果や貯蔵中に軟化している果実がエチレンを出すと、他の果実の軟化を助長するからである。収穫・選果・入庫の際にはそうした果実は除

写真5－6　エチレン吸着剤を活用して軟化や腐敗を防ぐ

過マンガン酸カリウムを使った吸着剤（左）。果実3.5kgに1個を封入する（品種：さぬきゴールド，右）

くようにするが、軟腐病菌に感染して症状の現われていない果実まで見つけるのは容易ではない。そこで一般にはエチレン吸着剤を封入して、コンテナ内の果実の軟化や腐敗を防いでいる。

　エチレン吸着剤には数種類あるが、キウイでは効果と価格から過マンガン酸カリウムを利用したものがおもに使われている（写真5―6左）。果実約三・五kgに一個の割合で封入する（写真5―6右）。

　エチレン吸着剤の効果は品種や果実体質によって異なる。ヘイワードなど緑色系品種では硬度維持の効果が高いが、黄色系品種では低い傾向にある（図5―10）。これは、エチレンによって誘導されない貯蔵中の果実の軟化が、黄色系キウイでは早く進行するためと考えられる。また、緑色系キウイでも、果実体質の弱い園地では、同様な果実の軟化が早く進むため、エチレン吸着剤の効果は低い。

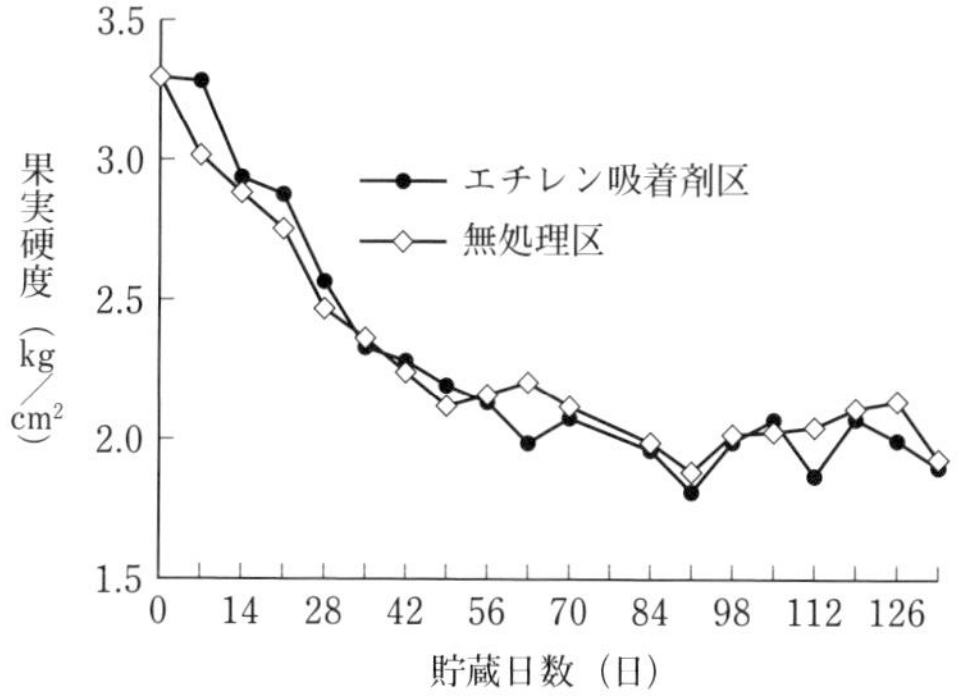

図5―10　黄色系品種ではエチレン吸着剤による硬度維持効果は低い　（福田，2004）
品種：さぬきゴールド。5℃貯蔵条件下，吸着剤はCSパック

3 上手な追熟のやり方

キウイ果実は自分で熟せない

キウイを収穫してすぐの果実は硬く酸っぱいため、すぐに食べることができない。この硬い果実を一定期間置いて、軟らかくして食べられるようにするのが追熟だ。

　キウイフルーツは、以前まで成熟にエチレンが関与するクライマクテリック型果実に分類されていたが、近年の研究でノンクライマクテリック型に分類されるようになった。一般的なクライマクテリック型果実は収穫後にエチレンが生成され、果実が成熟するのに対し、キウイは外部エチレンによって自らのエチレン生成が誘導されて成熟する。つまり、外からのエチレン処理がないと成熟できない（図5―11）。

　キウイの未熟果実にエチレンを処理すると、呼吸量が上昇し、自らのエチレン生成量が増大していく。それとともに酵素活動が盛んになり、果実の軟化、デンプン糖化、酸含量減少、苦味成分減少、香気生成などが進み、完熟する。これが、キウイ果実追熟のメカニズムである。このうち、果実自身のエチレン生成と呼吸量の上昇、酸含量減少、苦味成分減少、香気生成はエチレンに関与するが、果実の軟化とデンプンの糖化はエチレンに依存しない。だから、たとえば、キウイを長期間貯蔵しておくとエチレン処理なしでも食べられる。ただ、香気に乏しく、果肉色が薄く、果芯も硬いまま、減酸が不十分で酸っぱくてあまりおいしくない。これはエチレンに依存しない成分変化しかおきていないからである。つまり追熟が不十分なのである。とくに黄色系品種のばあいは、緑色系品種より果実の軟化とデンプンの糖化が早く、勘違いしやすい。そのため、きっちりおいしい果実を消費者に届けるにはエチレン処理が必要不可欠なのである（図5—12、5—13）。

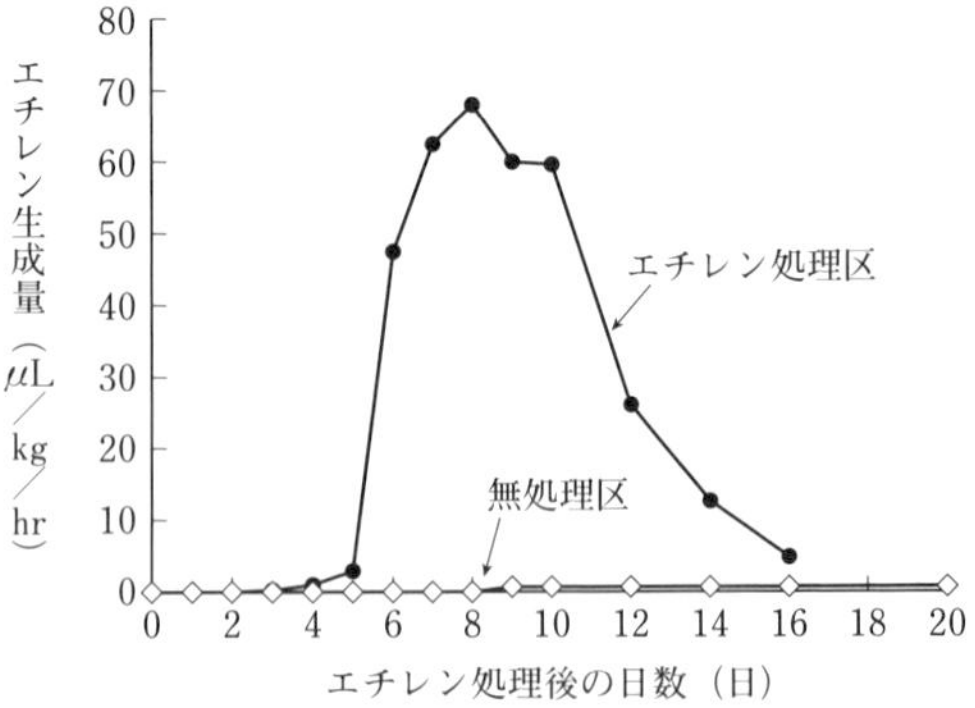

図5—11　キウイ果実はエチレン処理してやらないと，自らエチレンを生成しない

（福田，2007）

（品種：さぬきゴールド）

●食べ頃果実をつくる追熟のコツ

現在、キウイは追熟処理された食べ頃の果実が市場に流通している。しかし、食べ頃と標示されている果実でもたまに硬いものや、逆に果皮がしなび過熟になったものなどさまざまな熟度

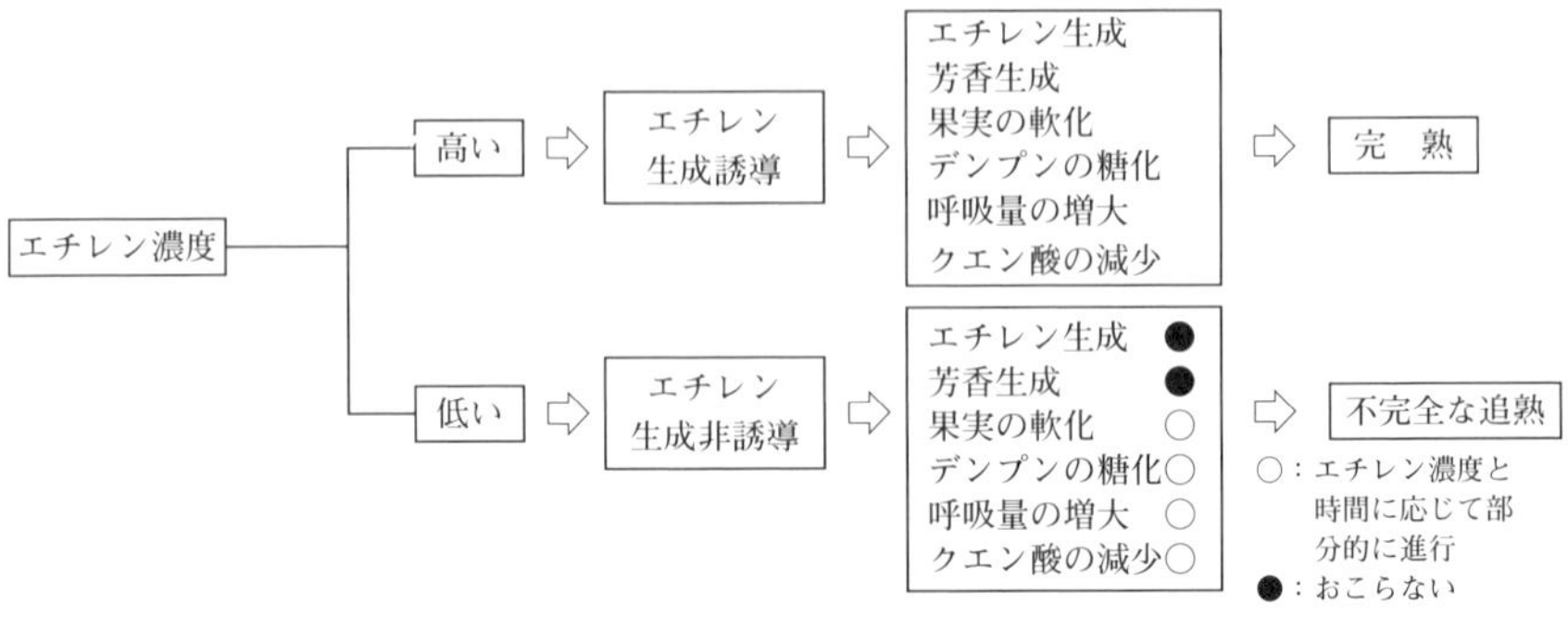

図5—12　処理したエチレンの濃度によって追熟程度も変わる追熟のメカニズム

（矢野，1993）

のキウイに遭遇する。

また、緑色系キウイと黄色系キウイでは、追熟の基本となるエチレンの感受性が異なり、同じ温度でも食べ頃になるまでの日数が異なる（図5―14）。

食べ頃の果実を消費者に届けるにはきめ細かな対応が必要だ。そのためには種類ごとの追熟技術を考えてみることが求められる。

①緑色系キウイの追熟方法

緑色系キウイの追熟方法は、プレハブなどの庫内に五〇〇～一〇〇〇ppmのエチレンガスを充満させ、温度一五～二〇℃で二四時間密閉する。果実が少量のばあいは、出荷用段ボールやコンテナなどに市販のエチレン発生剤（日園連の「熟れごろ」や白石カルシウム㈱の「甘熟パック」）を果実約三・五kgに一個の割合で入れ、ポリエチレンシートで包装して処理する（表5―8）。

なお、エチレンガスボンベを購入しておくと安価で長期間の処理が可能となる。処理方法は、エチレンガスを入れるコンテナや袋内の容積を計算し（注）、ガスを充満させた密閉容器から所定濃度になる量を注射器などで採取し、コンテナや袋内に注入する（写真5―7）。ある程度の経験が必要であ

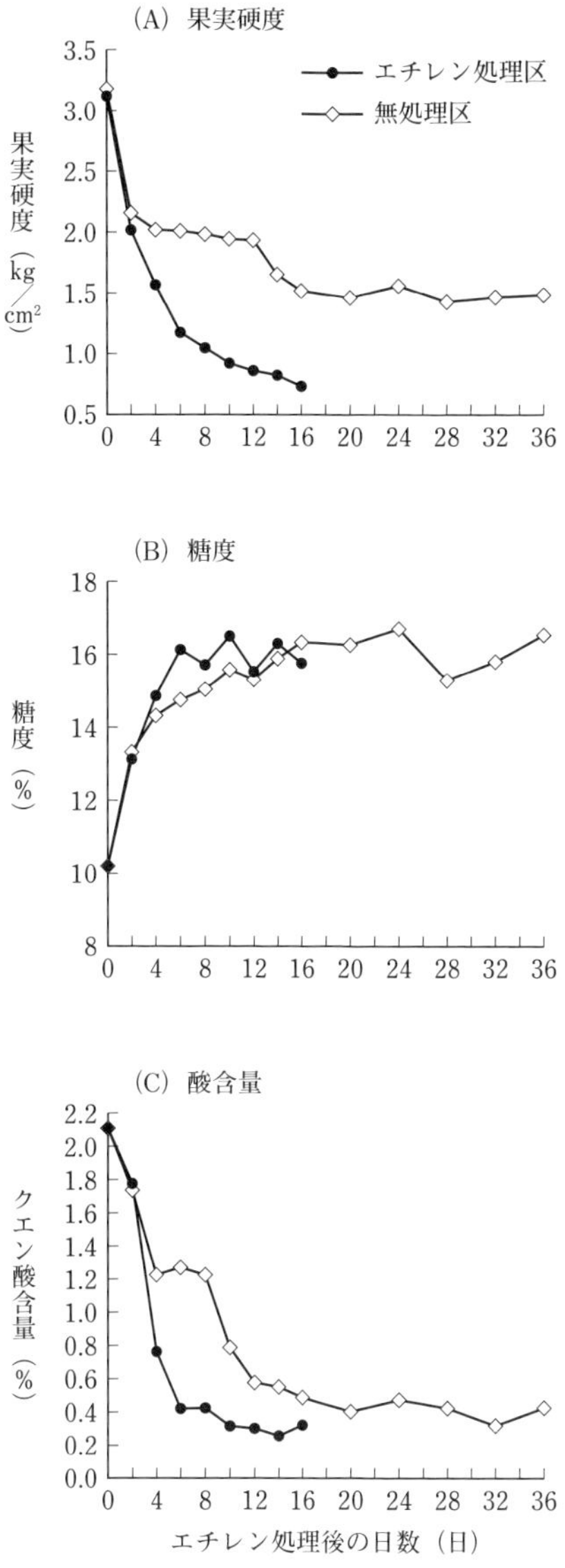

図5―13 エチレン処理が黄色系品種の果実品質に及ぼす影響
（福田，2007）
（品種：さぬきゴールド）

るが、その量を感覚的に覚えると、ガスボンベから直接封入しても構わない（一〇三ページの写真5—2）。そのばあい、ガスボンベに制御装置を取り付け、水中置換などにより流速ガス量を計算しておく必要がある。

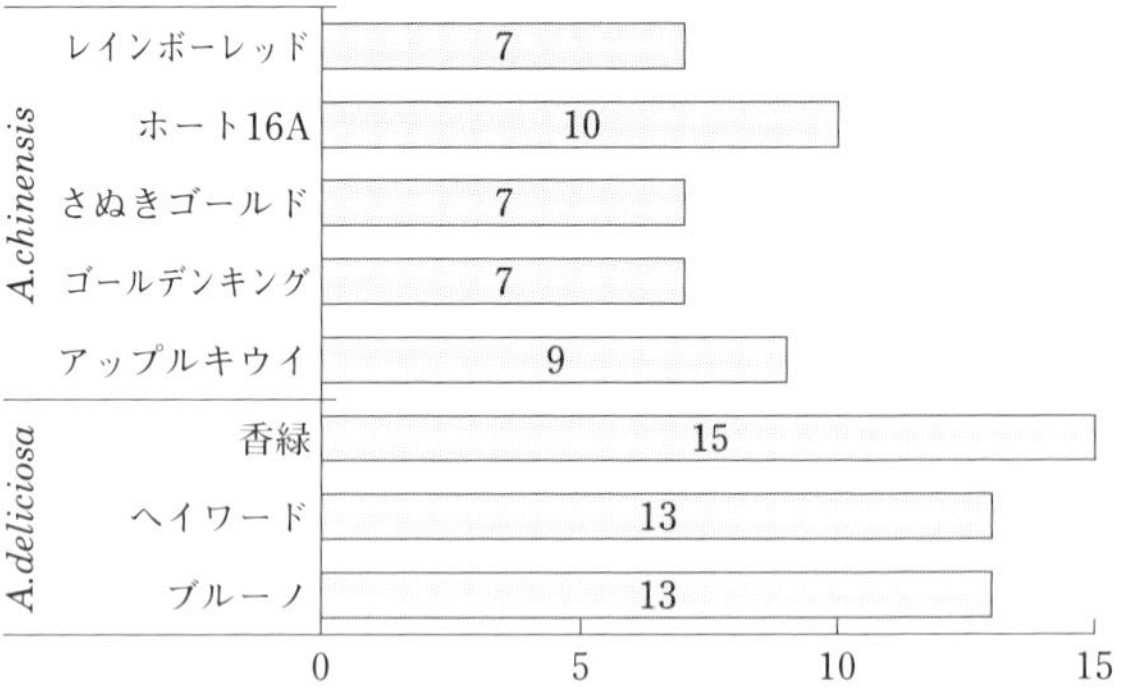

図5—14　キウイ主要品種の追熟に要する日数
追熟温度15℃

エチレンの処理後は、過熟を抑えるためエチレンガスを除去し、一五℃程度で追熟させる。追熟速度は二〇℃で早まるが、果実軟腐病の発生を助長するので注意する。また体質が劣る果実は、低い温度でじっくり処理する。追熟中は果実の呼吸で酸素不足になりやすいので、ときどき換気を行なう。果実の追熟期間は、緑色系キウイはおおむね一〇～一四日だが、品種、果実体質、エチレン処理後の温度や出庫時の硬度によって微調整する。

表5—8　緑色系と黄色系別のエチレン処理条件

種	エチレン処理			追熟	
	濃度（ppm）	処理時間（h）	処理温度（℃）	追熟温度（℃）	追熟期間[z]（日）
緑色系キウイ	500～1,000	24～48	15～20	15	10～14
黄色系キウイ	1～100	12～24	15	10～15	5～10

z：品種，果実体質，出庫時の硬度により異なる

写真5—7　エチレンガスを密閉容器に充満させ，所定濃度になるよう注射器で採取し，コンテナや袋内に注入する

（注）縦三〇㎝，横二〇㎝，深さ二〇㎝の容器に，エチレンガス一〇〇〇ppmを封入するばあいの計算例。

30×20×20÷1,000＝12L（容器の容積）

容器の体積一二Lに対して濃度一〇〇〇ppm（$1{,}000 \times 10^{-6}$）にするため，

$12\text{L} \times 1{,}000 \times 10^{-6}$

$= 12 \times 10^{-3}$（L）＝12（mL）

以上から、注射器でエチレンガスを一二mL採取し、容器に封入する。

②温度一五～二〇℃できっちり処理して追熟する

以上が基本の追熟方法だが、緑色系キウイが、いまだに消費者の「キウイ＝硬く酸(す)っぱい」というイメージを払拭しきれていない理由は、エチレン処理時あるいは処理後の追熟温度が低すぎるケースが多い。

植物ホルモンであるエチレンは高い温度ほど作用性が高く、二〇～三〇℃で処理すると効果が高い。しかし二〇℃以上になると、キウイでは果実軟腐病が出やすく、それ以下での追熟が必要である。といって一〇℃以下では極端に効果が落ちる。果実のエチレン生成を誘導できず、エチレン処理していない果実と同じようになってしまうのだ。そのため、果実がいつまでも硬いままとなる。

エチレンを効率的に効かせ、食べ頃に追熟させるには、エチレンを処理するときの温度や処理後の温度を一五～二〇℃程度に設定する（表5―9）。そのうえで、過熟を回避する技術として食べ頃果実を五℃の低温で貯蔵することが考えられる。販売先の要望する熟度になった段階で五℃に変温し、出荷・販売するのである。こうすることで、過熟になるリスクを小さくしつつ、適熟状態を長く保つことができる。

③黄色系キウイの追熟方法

黄色系キウイは、緑色系キウイにくらべてエチレンの感受性が高く、追熟しやすい特性をもっている。エチレン処理すると、果実自身のエチレン生成

表5－9　緑色系と黄色系別の追熟テクニック　（福田）

種	追熟のポイント	具体的手法
緑色系キウイ	エチレンを効率よく効かせる	①エチレン処理時と処理後の温度を15～20℃程度に設定 ②販売先の要望する熟度になった段階で5℃に変温し，過熟のリスクを回避
黄色系キウイ	エチレン処理後の温度調節により適熟状態を保つ	①エチレン処理後，10～15℃程度で追熟させ，こまめに果実の追熟段階をチェックする ②果実硬度が1.8～2kg/cm^{2}程度になった時点で，5℃で貯蔵する ③追熟後半の過剰なエチレン生成を抑制し，熟度の進行をゆるやかにできることから，果実の適熟期間が長くなる

が急速に進む。そのため過剰な量のエチレンが生成されて過熟となり、可食期間が短くなりやすい。黄色系キウイのエチレン処理では、果実自身のエチレン生成を誘導するだけで、過剰なエチレンはつくらせないことがポイントである。エチレン処理の濃度を低く、追熟温度も下げて、じっくりと長めに追熟させるのである。

実際には、品種によっても異なるが濃度一～一〇〇ppm、温度一五℃で一二～二四時間処理するのが望ましい（表5―8）。処理後は一〇～一五℃で貯蔵するが、追熟が進みすぎているばあいは低温（五℃）とし、追熟の進行を制御する。これが黄色系の基本の処理法だ。

④硬度一・八～二kg／cm²になったら追熟温度を五℃に下げる

黄色系キウイは、果実を食べ頃に追熟させるとともに、一方でいかにその適熟状態を長く保つかもポイントである。そのためには、エチレン処理後の果実のこまめな熟度チェックと温度管理が必要だ。具体的には、エチレン処理後の追熟程度を見ていて、果実硬度が一・八～二kg／cm²程度になったら、五℃で貯蔵する（表5―9）。こうすることで追熟後半の過剰なエチレン生成を抑え、熟度の進みをゆるやかにできる。その結果、適熟期間が長くなる。図5―15、図5―16は、実際に「さぬきゴールド」を用いて温度変化（一五℃→五℃）による追熟を行なった結果を示したものだが、果実自身の過剰なエチレン生成が抑制され、可食期間が長くなる傾向が確認された。

硬度一・八～二kg／cm²という硬度がどの程度か、最初は計測器を用いてやってみればよいが、慣れてくればさわった感覚でわかる。また、一五℃から五℃への変温管理には、二つの貯蔵庫がいるが、黄色系キウイで食べ頃果実をきっちりとつくるには、ぜひ用意したい。しかし二つ準備しても、五℃に変温するタイミングを逃がせば過剰なエチレンが発生し、適熟状態の延長効果が低くなる。変温の適期を逸しないことが重要である。

●販売先別の追熟注意点

キウイフルーツの販売が多様化し、出荷・販売先によって求められる果実熟度が異なるため、それに対応した追熟技術が必要となってきた。そこで、販売先を想定したキウイフルーツの追熟技術を考えてみた（表5―10）。

①市場出荷

市場・仲卸では、棚もちがよくロスが少ない商品、キウイフルーツでは硬い果実が好まれる。なかにはいまだに、追熟品を軟腐病と勘違いし、クレームをつけてくる売り場担当者もいる。しかしだいぶ市場内での追熟品への理解は進んできており、昨今は市場の販売ルートである小売店などの意向を受け、熟度の異なる出荷品を求められることも多くなった。

そのばあいには、要望する熟度を市場側に掲示してもらい、市場到着時にその熟度になるよう、果実の追熟を制御し出荷する。具体的には、果実が五〇～八〇%程度に追熟した段階で五℃に冷蔵し、出荷する。

もちろん、市場側とは密な情報交換を行ない、果実に対するお互いの理解を深めることはいうまでもない。

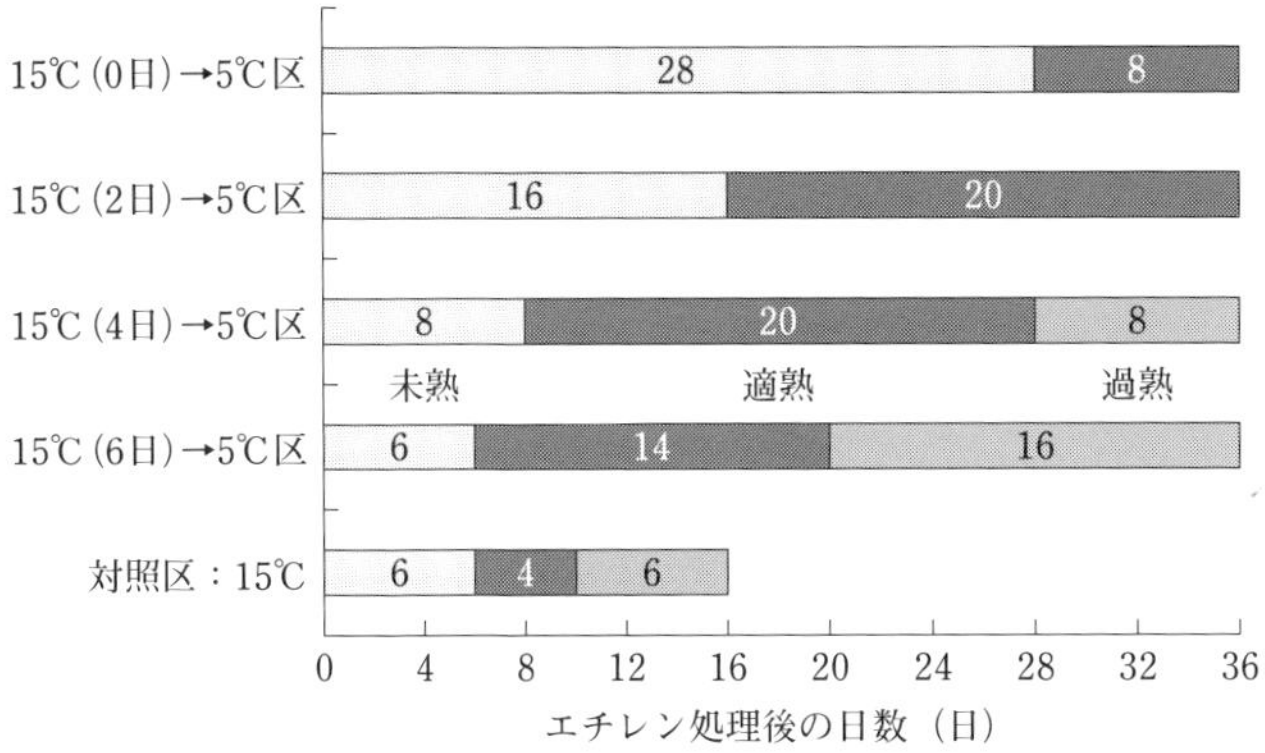

図5−15　エチレン処理後の変温（15℃→5℃）が黄色系品種の食味に及ぼす影響　（福田，2007）

品種：さぬきゴールド。適熟とは食味評価：1（極不良），2（不良），3（普通），4（良好），5（極良好）のうち，3以上を示す

エチレン処理：100ppm，15℃24h

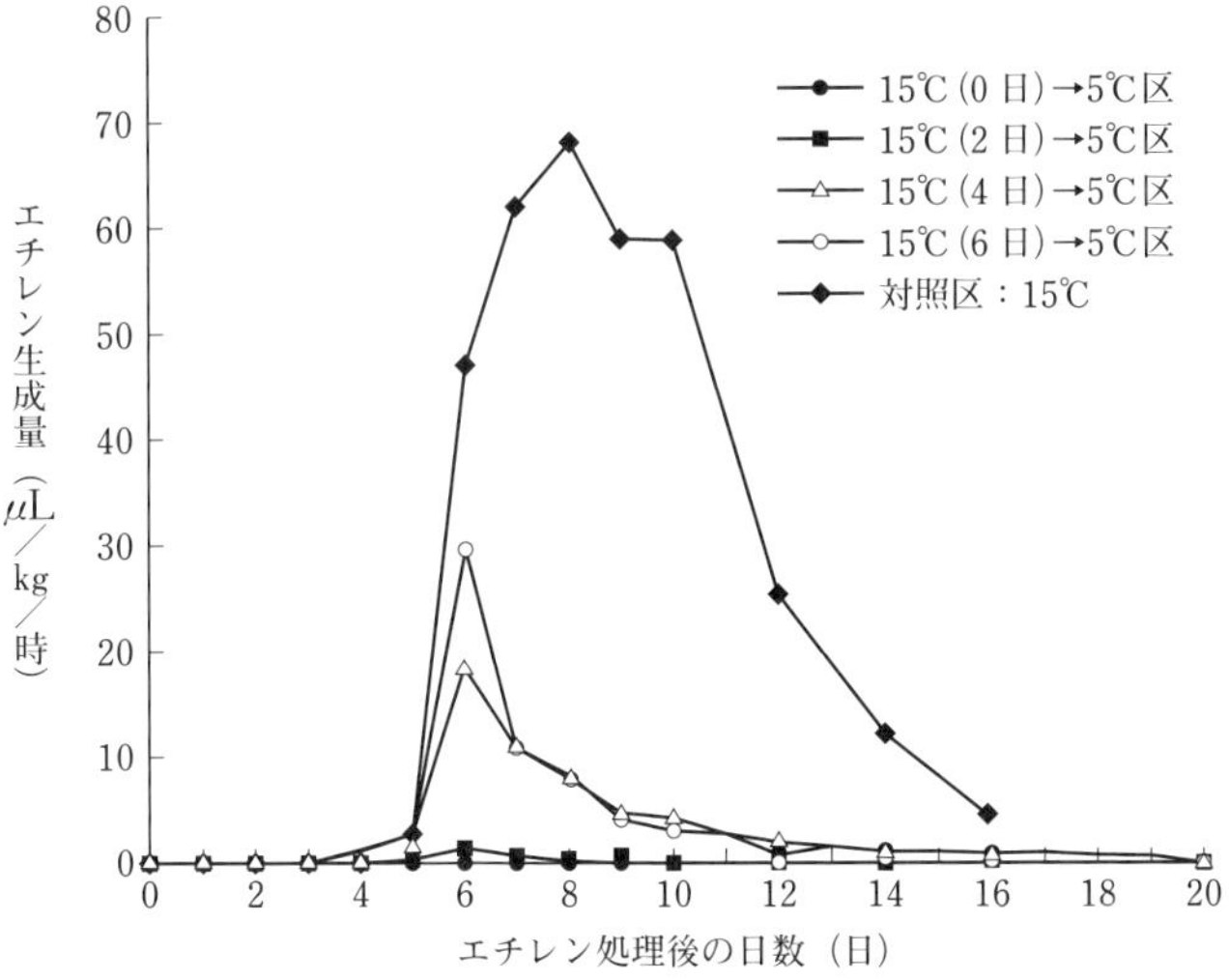

図5−16　追熟中に温度を下げると果実のエチレン生成が抑制される　（福田，2007）

（品種：さぬきゴールド）

表5－10　販売先を想定した追熟ポイント　（福田）

販売先	主要な熟度	必要条件
市場出荷	50 ～ 80％	密な情報交換
果実専門店	10 ～ 50％	食べ頃期間の標記
学校給食	給食日に完熟（100％）	欠品させない
インターネット販売	到着時に完熟（100％）	食べ頃期間の標記
産直	80 ～ 100％	食べ頃期間の標記

注1）熟度の進み方：10％（やや硬みがとれた感じ），30％（あきらかに硬みがとれた感じ），50％（軟らかさを感じるがまだ硬い），80％（もう少しで完熟，すっぱい果実が好きな人は食べ頃），100％（完熟のモモのように軟らかい状態，今すぐ食べる）

注2）熟度はあくまで達感である（手で果実をさわった感覚，であり硬度計の数値ではない）

②果実専門店

果実専門店は、ギフト商材を中心に販売していることから、とくに、果実の棚もちが問われる。また、果実に付加価値を求める購買層が多いので、間違いなくおいしい果実の供給が不可欠となる。果実専門店に対してはその店が求める熟度にもよるが、棚もちを重視した追熟技術が必要である。果実専門店には、一〇～五〇％程度に熟した硬めの果実を五℃に冷蔵し出荷する。

また、食べ頃期間を標記するなど、消費者が間違いなくおいしい果実を食べられるよう、工夫が必要である。

③学校給食

キウイフルーツは、子どもが嫌いな果実ランキングに必ず登場する。その理由は、追熟が不十分なガリガリの酸っぱい果実を食べていたからである。一方、好きな果実ランキングにもキウイは登場するが、こちらは甘い果実としての人気である。原因は明らかに追熟の成功不成功による食味、とくに酸味の感じ方の差であろう。

給食時でおいしくないと頭にインプットした子は、大人になって食べない傾向にあるといわれる。おいしい食べ頃の果実を提供し、欠品させないことが、絶対条件となる。

給食の献立表は早期から決まっているので、追熟にかかる期間を逆算し、給食日に食べ頃になるよう処理する。追熟が進まないときは貯蔵温度を高くし、進み過ぎているときは下げるなど、果実の熟度に応じた微調整を行ない、給食日に食べ頃果実を供給する。

給食を食べている子どもは未来のお客様である。キウイフルーツの本当のおいしさを知ってもらうことが、今後のキウイの消費拡大につながる。

④インターネット販売

インターネットの普及により、ネット専門業者から果実を購入する機会が増加している。こうした情報は、ネットのサイトで評価され、ネットを通じてアッという間に広がる。おいしい果実は高評価され続けるが、おいしくない果実は悪評がつきまとうことになる。間違いのない評価を得るための追熟処理が必要である。

ネットで購入した商品はすぐに食べたいと思う人が多いため、到着日に食べ頃になるよう、果実を追熟する。食べ頃期間を標記するなどの工夫も必要である。ネットの情報はうまくいけば、消費者にアピールする絶好のチャンスであり、今後の顧客を増やすことにつながる。

⑤産直

産直市では、生産者名を記入したラベルが商品に貼られており、おいしい果実には顧客が付いている。インターネット販売と同様に、適熟果実を提供し、食べ頃期間を標記する。具体的な追熟方法としては、果実が八〇～一〇〇%に追熟した段階で五℃に冷蔵し、出荷するのがよい。

〈よくある失敗と思い違い〉

事例1 エチレン処理したのにいつまでも硬い……

原因としては、①エチレン処理時または処理後の温度が低すぎる、②果実の酸素不足が考えられる。

硬い果実を冷蔵庫で貯蔵しているケースがよく見かけられる。硬い果実を冷蔵庫に入れると、いつまでも硬い状態で保たれ、最終的には果実表面が乾いてしおれてしまう。エチレンを効率的に効かして食べ頃に追熟させるには、エチレンの処理時または処理後の温度を一五～二〇℃程度に設定することである

また、果実を厚いフィルムで包み、追熟している生産者もときどきいる。厚いフィルムはガス透過性が低く、果実が呼吸することで包装内の酸素濃度が低下しやすい。酸素が不足するとエチレンの作用が低下し、果実はいつまでも硬い。追熟には〇・〇三㎜厚程度のガス透過性のよい低密度ポリエチレンフィルムを使用し、換気など酸素を供給しながら追熟する必要がある。

事例2 果実の芯が硬いのはなぜ?

果実の芯が硬い現象は、黄色系キウイに多い。原因として追熟期間の不足とエチレンの未処理が考えられる。

黄色系キウイは、緑色系キウイより果実の軟化とデンプンの糖化が早く、可食状態を勘違いしやすい。しかし、果芯が軟化するにはエチレンが必要であり、しかもそれは果肉の軟化より遅れるから追熟が不十分だと果芯が硬く残りやすい（写真5―8）。果芯がまだ硬いときは、追熟期間を延長させる。

なお、エチレン処理をしていない果実の芯が残りやすいことはいうまでも

ない。

事例3　追熟し始めたら、変なにおいがしだしたが……

追熟し始めてからのにおいには二種類ある。一つは、追熟による果実の香気成分の増加、もう一つは、雑菌などによる異臭である。前者は果実独特の芳香であるが、後者はまさしく異臭である。

果実から異臭が発生する原因として、追熟温度が高すぎることが考えられる。二〇℃以上でおくと追熟の進行は早いものの、果実表面の雑菌の繁殖が盛んになり、腐敗臭が発生する。腐

写真5－8　追熟が不十分だと果芯が硬く残る（右），追熟が十分だと果芯まで軟らかい（左）
（品種：さぬきゴールド）

写真5－9　追熟中に発生した果実軟腐病
○印の部分
（品種：さぬきゴールド）

表5－11　「ヘイワード」の果実軟腐病の発病程度に及ぼす追熟温度の影響

（芹沢ら，1998）

栽培地域	調査個数	発病果率（%）			病斑数／果（個）		
		20℃	15℃	10℃	20℃	15℃	10℃
富士市	30	80.0	36.7	23.3	2.4	1.1	0.9
清水市	20	75.0	50.0	20.0	3.9	1.5	0.3
静岡市	20	50.0	40.0	10.0	1.1	0.8	0.1
平均	－	68.3	42.2	17.8	2.5	1.1	0.4

注1）果実は，1982年11月10日～15日に収穫し，5℃で貯蔵した。1983年2月1日に出庫後，各区20個または30個を無作為に抽出して供試した。発病調査は，20℃区は2月28日～3月7日，15℃区は3月7日～4月5日，10℃区は3月7日～4月10日に行なった。調査時の果実硬度は，いずれの処理区とも0.3～0.4kg/cm^{2}であった

注2）芹沢ら（1998）の表を日本語翻訳

敗臭のする果実は、追熱が進むと軟腐病を発病しやすい（写真5―9、表5―11）。

追熟時の異臭や腐敗を防ぐには、基本的な追熟温度を一五～二〇℃とし、品種や果実体質によっては温度を一〇℃以下に下げるなどの対応が重要である。なお、追熟庫内は果実の呼吸により酸素が低下しやすく、またエチレンガスが充満しやすいので、換気を徹底して行なう。

事例4 キウイ果実はどの部分が甘いのか？

部位によって果実は甘さが異なる。ミカンは果頂部、ブドウは肩部から熟れ始めるため、その部分が甘い。では、キウイはどの部分が甘いだろう？

果実赤道部を輪切りにした組織別（果肉部、種子部、果芯部）の糖度でいえば、キウイの品種・系統に関係

表5－12 キウイフルーツ果実内の糖度分布 （福田，2007）

種	品種	垂直方向の糖度(%)			赤道部の組織別糖度（%）			果実平均糖度（%）
		果梗部	赤道部	果頂部	果肉部	種子部	果芯部	
d.	ヘイワード	12.7	14.5	16.3	14.6	14.2	16.0	14.4
	香緑	17.5	17.8	18.1	17.8	17.2	20.6	17.8
	ブルーノ	16.3	16.2	16.9	16.1	15.8	18.9	16.6
	モンティ	16.2	16.1	16.6	16.0	15.8	18.6	16.3
	アボット	17.2	17.7	18.0	17.6	16.9	20.2	17.7
	グレーシー	16.3	16.7	17.0	16.9	15.5	17.8	16.8
c.	ゴールデンキング	13.7	13.9	14.5	13.6	13.1	15.5	14.3
	イエロークイーン	15.4	15.5	16.2	15.1	15.2	17.4	15.8
	レッドプリンセス	16.4	15.3	15.4	15.3	14.6	16.3	15.7
	ゴールデンイエロー	12.5	12.9	13.2	12.5	12.7	13.8	13.0
	アップル	16.2	15.8	15.8	15.7	15.4	17.5	16.0
	紅妃	17.7	18.9	18.9	18.5	17.9	19.7	18.9
	レインボーレッド	18.1	20.0	19.5	19.0	18.6	20.6	19.3
	さぬきゴールド	18.2	17.7	17.7	17.9	17.9	20.5	18.2
	ホート16A	17.9	17.4	17.5	17.5	16.8	18.1	17.8
	通山	16.5	16.1	16.3	16.2	15.7	17.0	16.4
	APC-8	16.8	16.0	16.5	16.0	15.1	16.7	16.5
	79-1-2：141	18.1	18.8	19.6	18.7	18.6	21.5	18.9
c.×d.	讃緑	17.8	17.6	18.0	17.9	16.6	18.8	17.8
a.×d.	香粋	17.2	16.9	16.9	16.6	16.8	17.8	17.4

種：c.：*A. chinensis*，d.：*A. deliciosa*，a.：*A. arguta*

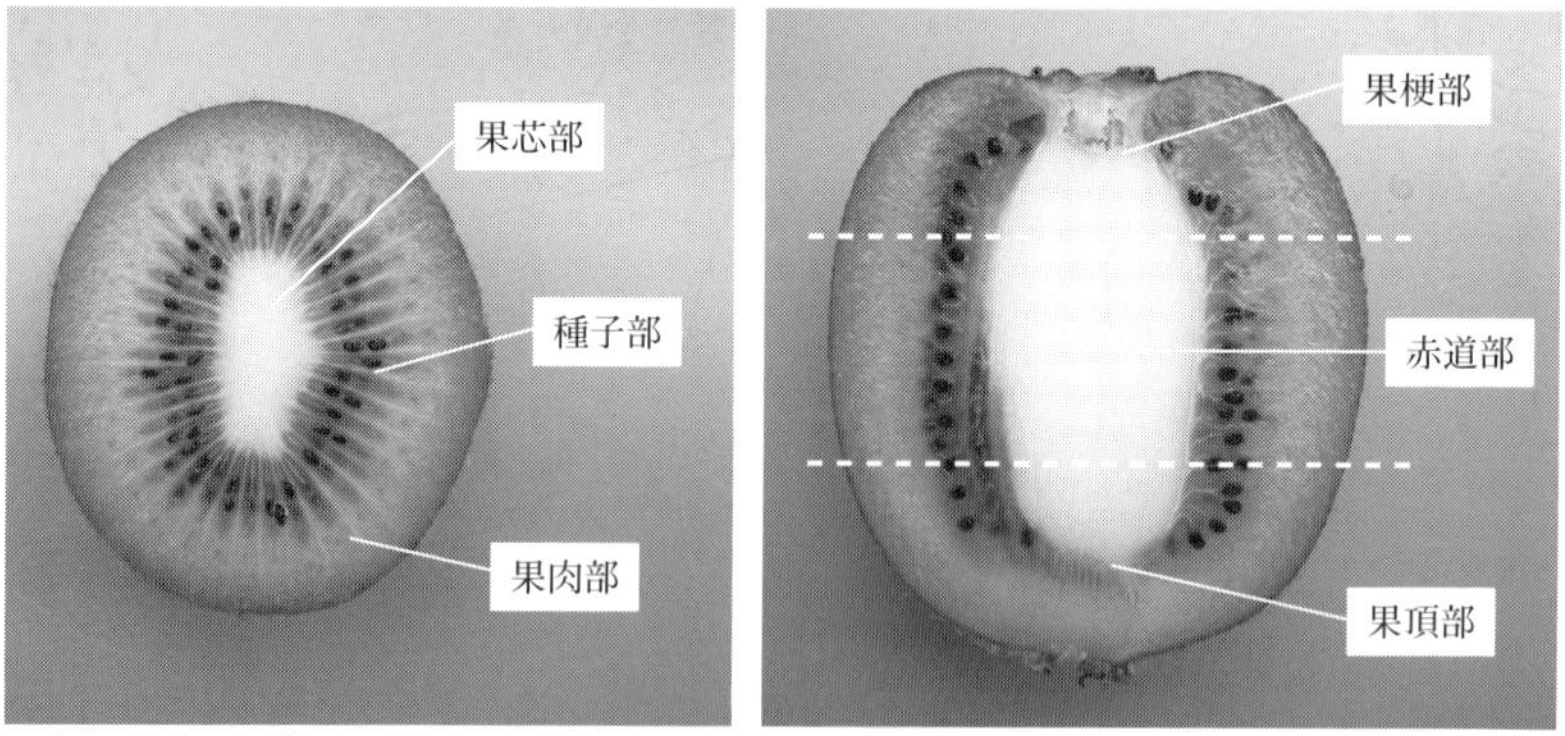

（A）果実の組織　（B）垂直方向

写真5－10　キウイフルーツ果実の断面（品種：ヘイワード）

なく、果芯部がもっとも高い（表5―12、写真5―10）。また垂直方向で果梗部、赤道部、果頂部をくらべると、緑色系キウイではいずれの品種でも果頂部がもっとも高く、黄色系キウイでは品種・系統により異なり、一定の傾向は見られなかった。

事例5　一般の家庭では、よく硬いキウイをリンゴと一緒に保管して軟らかくしている。なぜ、リンゴなのだろうか？

実は、リンゴはエチレンの生成量が多く、生成期間も長い。しかもリンゴ自体の貯蔵性もいい。こうしたことがリンゴを選ばせている理由と考えられる。リンゴは、品種にもよるが約五〇日以上エチレンを生成し続ける特性がある。バナナなどでは、成熟直後にエチレン生成がピークとなり、それ以後は徐々に減っていく。バナナなどでもそのエチレン生成のピークに合わせてキウイを一緒に入れれば軟らかくできると思われるが、それを知るのは難しいし、またいったんピークを過ぎてしまえばエチレン生成は減少し、キウイを軟らかくするまでに至らない。その点、リンゴはエチレン生成の期間が長いので、成熟期を考慮しなくてもよく、効率性が高いわけである。リンゴの品種別では、「つがる」「王林」「ジョナゴールド」のエチレン生成量が多い。

なお、リンゴがないときは奇形果などのキウイを故意に傷付けて外部エチレンを発生させて、追熟させる手もある。

（福田哲生）

第6章 開園、新植、改植、更新

1 新しくキウイ園を開くときには
――園地の選定

●高品質果実園地の条件

①水田転換畑、風あたりの強い畑は避ける

キウイの産地では、園地区分を導入している地域や農協の部会も多く、その構成員の皆さんは糖度が高くなる園地条件というのはだいたい見当がついている。すなわち、緩傾斜で排水がよく、西日があまり強くあたらず、気温が高くなりすぎない、ところである。逆に、植栽を避けたいところについてもよくわかっている。水はけの悪い園地である。こうしたところは糖度が上がらず、果実の貯蔵性も劣る。病害の発生も多い。若木のうちは問題が出なくても、樹齢が進むにつれて樹勢低下や病害発生のリスクが高まることが多い。

春先の強い風による枝の折損、台風被害による落葉も致命的であることから、風あたりの強い園地も避けたい。かといって、逆に風通しの悪い園地もよくない。湿度がこもって花腐細菌病が発生しやすくなる。環状剥皮で対応できないことはないが、一定の風通しは必要だ。最近は発芽時期が早い黄色系品種が植栽されることが多い。晩霜被害の想定される場所も避けたい。

これらの条件を完全にクリアーできる園地は多くないが、まずはとにかく水はけの悪い園地を選ばないことが第一である。

②水田土壌に植栽するなら客土と暗渠

とはいっても、水田への植栽を選択せざるを得ないこともある。そのばあい、土壌改良が不可欠である。

水田の土は透水係数が低く、水もちがよい。農家がよく「この水田は水が抜けやすく、とても排水がよいから……」といったりするが、排水がよいといってもともと水をためるのが水田である。しかしキウイは数日の湛水で根腐れをおこす。水田にキウイを植栽しようと思ったら、水がたまらない水田（それはもはや水田とはいわないが）に改良しなければいけない。

ということで、普通の水田なら、次のようにしたい。

①まずマサ土などを客土し、土砂降りでなければ雨で水たまりができず、雨がやめば、ぬかるまずにすぐ土壌管理ができる程度の排水性までに改良する。数字でいうなら透水係数を一〇のマイナス三乗まで改良する。

②加えて、地下水位が上昇しないよう、暗渠を掘るか高うねとし、有効土層を最低四〇cm程度確保することが条件となる。

水田土壌は水の縦の動きが悪いだけでなく、横浸透速度も遅い。暗渠だけでは排水が不十分になる。また客土だけでは、下層土の排水性が改善されないため、根腐れがおこる。客土と排水対策（暗渠や明渠）がともに必要である（写真6―1）。

③こんな事例、あなたならどう判断する？

元ミカン園地で、風もあたりにくいが土が浅く乾きやすい畑（A）と、排水は抜群だが周りが水田の平坦地（B）のどちらかをキウイ園地にしたいのだが、あなたならどちらを選ぶだろうか？　A園地は土を深くするとともに、かん水施設が不可欠である。B園地のほうは周りが水を張った田植え後の夏季に、地下水位の上昇が問題となる可能性が高いので、地上げが必要である。経営判断は、有効土層四〇cm程度を目標に、土壌改良のコスト比較を行ない、最終決定するのが妥当である。

具体的にはA園地の土壌改良（重機による深耕）とかん水施設導入のコストと、B園地の地下水位を下げるコスト（具体的には客土による地上げや暗渠の設置とかん水設備設置の経費）との比較で安いほうを選べばよい。

写真6－1　水田転換園では暗渠は必要

私なら、水源さえあればたぶんAを選ぶ。

●棚、防風施設、かん水設備の準備

キウイ栽培に不可欠なのは、棚、防風施設、かん水施設の三つである。

キウイの棚は、ブドウ棚と同じような構造であるが、ブドウより果実の収量（重量）だけでなく枝や葉の量も多いこと、また台風シーズンを乗り越えての収穫となることから、強度はより強いレベルが要求される。図6―1、表6―1は筆者の地域における一般的なキウイ棚の組立て図と資材一覧だが、筆者は枝の誘引を容易にするために、この図より小張線を倍の密度で入れている（写真6―2）。

ニュージーランドの園地では強風による枝や果実の被害防止のため園周囲に防風垣を必ず設置している（写真6―3）。日本でも春先の強風や台風の被害を軽減するために防風垣や破風ネットの設置はぜひ行ないたい（写真6―4）。

防風垣には、マキ、サンゴジュ、スギなどが適するが、生育に時間がかかる。また繁りすぎて日陰にならないよう、毎年の枝管理も必要である。キュ

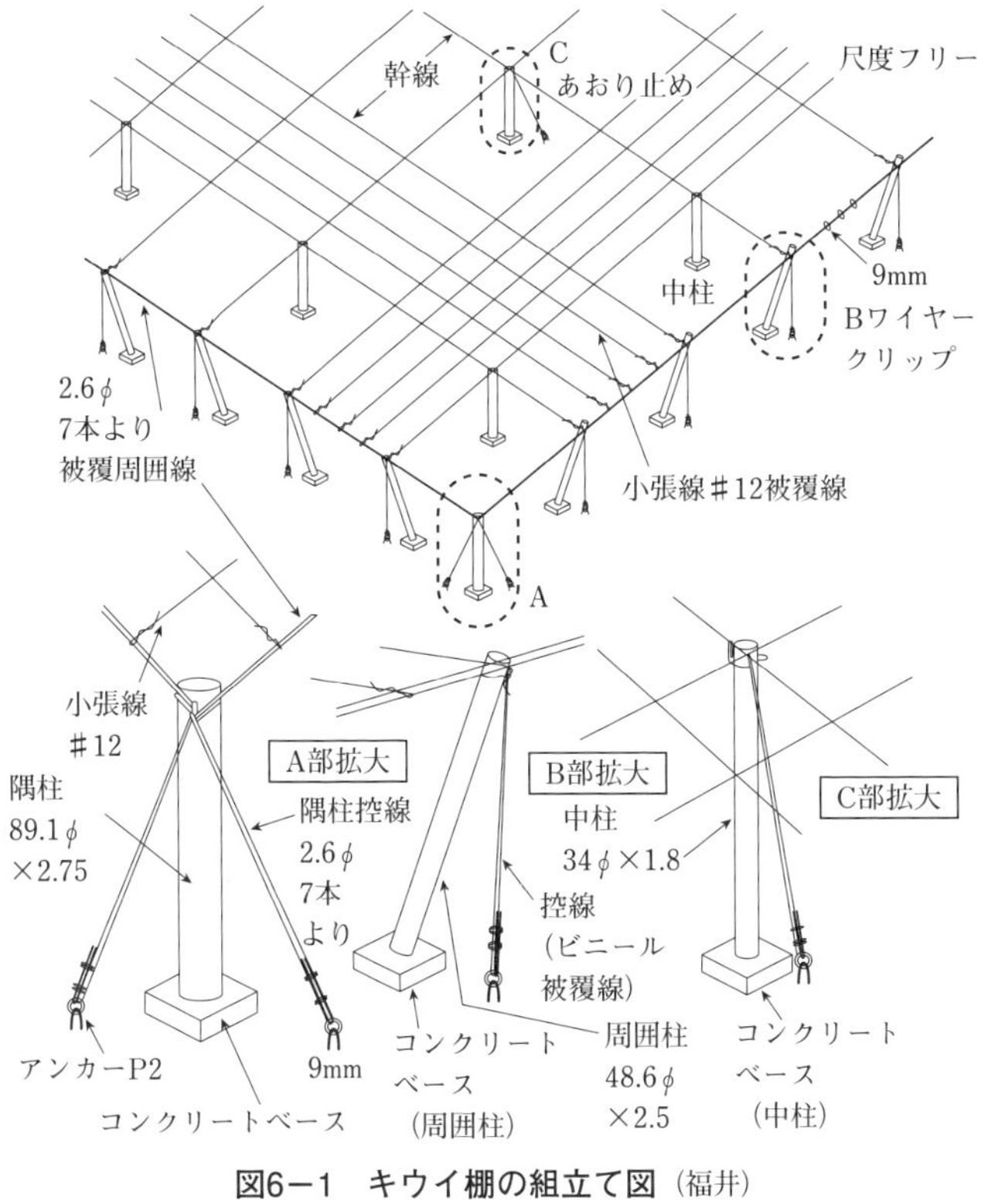

図6―1　キウイ棚の組立て図（福井）

ウリ栽培などで使われるラッセル編みの破風ネットは、設置は容易だが、強風には効果が十分でない。大きな園地のばあいは何カ所かに分割して設置することが望ましい。

かん水施設は雨の多い地域では必要ないばあいもあるが、一般的には用意しておきたい。水はけの悪い水田転換園や地下水位が高い園地は根腐れをおこしやすく、根系が浅くなるために頻繁にかん水が必要になる。土の深い排水のよい園地なら根系が大きく、かん

表6－1　キウイ棚の施設資材（10aあたり）（福井）

	品　　名		数　量
1	隅　柱（89.1 φ×2.75m）亜鉛どぶ漬		4本
2	周囲柱（48.6 φ×2.5m）亜鉛どぶ漬		42本
3	中　柱（34 φ×1.8m）亜鉛どぶ漬		21本
4	隅　柱　コンクリートベース		4個
5	周囲柱　コンクリートベース		42個
6	中　柱　コンクリートベース		21個
7	隅　柱　ワイヤー止め金具亜鉛どぶ漬		4個
8	周囲柱　ワイヤー止め金具亜鉛どぶ漬		42個
9	中　柱　ワイヤー止め金具亜鉛どぶ漬		21個
10	アンカー	P_2	8本
11	アンカー	P_1	42本
12	ワイヤークリップ	9mm	24個
13	周囲線　＃14　2.6 φ	7本より被覆線	150m
14	幹　線　＃12	被覆線	684m
15	引　線　＃12	被覆線	210m
16	小張線　＃12	被覆線	2,250m
17	あおり止めアンカー	P_1	5本
18	あおり止め線材	被覆線	26m

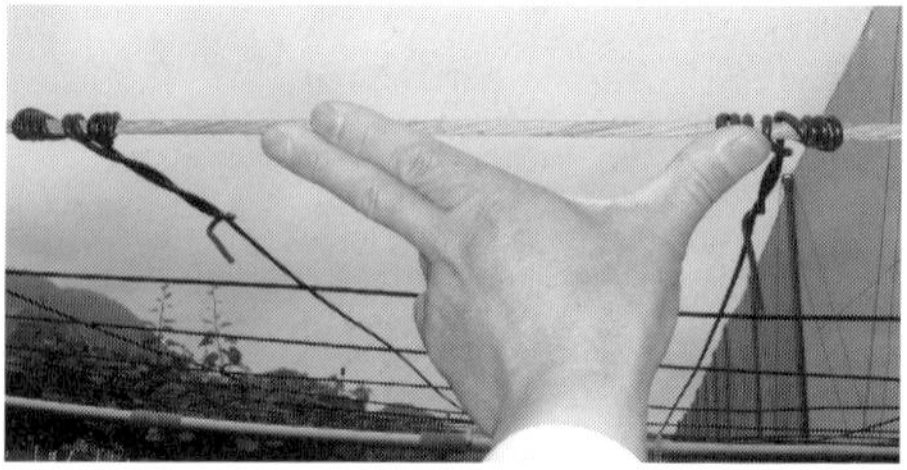

写真6－2　棚の小張線は30cm程度間隔で入れると誘引作業に便利

写真6－3　高い防風垣をもつニュージーランドのキウイ園

写真6－4　香川県内キウイ園の防風垣とネット

水間隔を長くとれる。かん水施設の必要性は小さくなる。

どんな園地選びをするのがよいか（一二五ページ）でもふれたが、深く排水のよい土壌をもつ場所を園地として選定できれば、キウイ栽培は半分以上成功した、といってもよい。

●導入する苗木のチェックポイント

キウイはまだ台木品種が開発普及していない。そのため栽培品種は、ヘイワードなど *A. deliciosa* 種の実生に接ぎ木されることが多いが、共台でも現在のところ問題は出ていない。しかし衰弱した樹に病原菌が侵入して症状が発生するとなると、病原菌に対する抵抗性台木も必要かもしれない。

第2章の五一ページで、枝の枯れ込みや立枯れ症状について紹介した。原因はまだよくわからないが、改植樹の生育不良が発生することも多く、いや地現象も疑われる。

ネコブセンチュウの被害については、被害苗木をほ場に入れないようにする。

●植付けの方法

新植のばあい、植え穴の準備は堆肥など土壌改良資材を投入して土とよくなじませるため、十〜十一月までに行なう。

写真6－5　植付けは新根が動きはじめる前に行なう

植え穴には一穴あたり完熟堆肥四〇〜六〇kg、熔リン二〇〇g、苦土石灰二〇〇g程度を投入し、土とよく混和する。水田転換園では四〇〜六〇cmの高うねとしておく。

土壌pHにも留意し、弱酸性の土壌になるように石灰などで調整する。

西南暖地では三月中旬には発根が始まるので、植付けは、できれば二月下旬までには行なう（写真6―5）。植え付けたら株元に敷ワラなどをして、雑草防止、土壌の乾燥防止を行なう。苗木は充実した芽まで切り返し、支柱に誘引しておく。

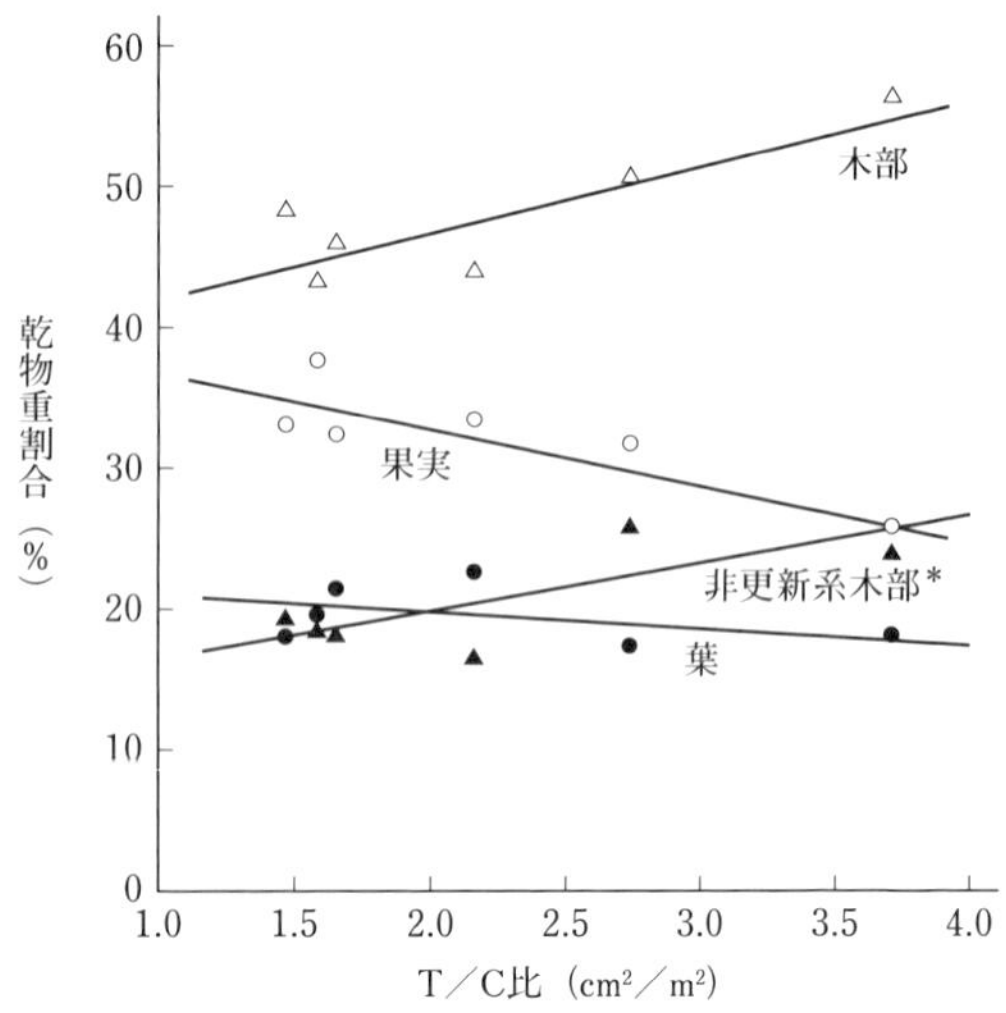

図6—2　T／C比と器官別乾物重割合

（末澤，1987）

＊主幹や主枝，亜主枝はせん定で更新されないので，非更新系の木部とした

2　改植——時期の判断とやり方

●樹齢三〇年が一つの目安

全国的にキウイの樹勢が低下しつつある。樹齢二〇～三〇年生のわが国のキウイはすでに経済寿命を迎えつつあるのだろうか？

棚栽培されるキウイは、葉の量に一定の上限がある。光合成の総生産量も上限がある。しかし、主幹や主枝、亜主枝などの木部は年々肥大し続ける。主幹や主枝などキウイの太い枝は芯まで生きているため幹の呼吸量は年々増加することとなる。収入（光合成の総生産量）は増えないのに、天引きされる経費（木部による消耗）が年々増加すれば、可処分所得（果実生産能力）は年々小さくなるのは当然である。

主幹の太さを木部の量の指標として、その断面積（T）を樹冠面積（C）で除した値（「T／C比」という）を見てみると、樹齢が進んでT／C比値が大きくなるほど収穫果実の割合が少なくなる（図6—2）。このデータをもとにキウイの経済樹齢を推定すると、三〇年程度の樹齢で果実生産能力はかなり低下することがわかる（図6—3）。

最近のキウイ園では、

①樹齢が進んで果実を生産する能力は徐々に落ちているのに、収量を維持しようとして過度の着果負担を強いているために、発根が徐々に減少。

②その結果、樹勢が低下し、

③さらに、病害や台風時の大雨などストレスに耐える力が低下し、病害が発生……。

というシナリオが進んでいるのではないかと心配している。

ところが、ニュージーランドで見た

樹は幹がひと抱えもあるヘイワードの五〇年生以上の古木だったが、まだまだ元気で、果実を生産していた。深く水はけのよい土壌でしっかり根を張ることができたからだと思われる。条件さえよければ、キウイは樹勢を維持し続けることを示している（写真6―6）。

イネやカンキツの転作で入ったキウイ樹は、多くが劣悪な土壌で栽培されている。もはやそうした園の樹体は限界に近づきつつあるように思える。多くの園で最近見られる亜主枝や主枝の日焼け、枝の枯込み（枝枯れ症）の多発などは、改植の時期が近づきつつある目安といえよう。

一方で、深い土壌に植栽され主枝に障害を抱えていない樹勢良好な樹はそのまま維持し続けるほうが得策である。

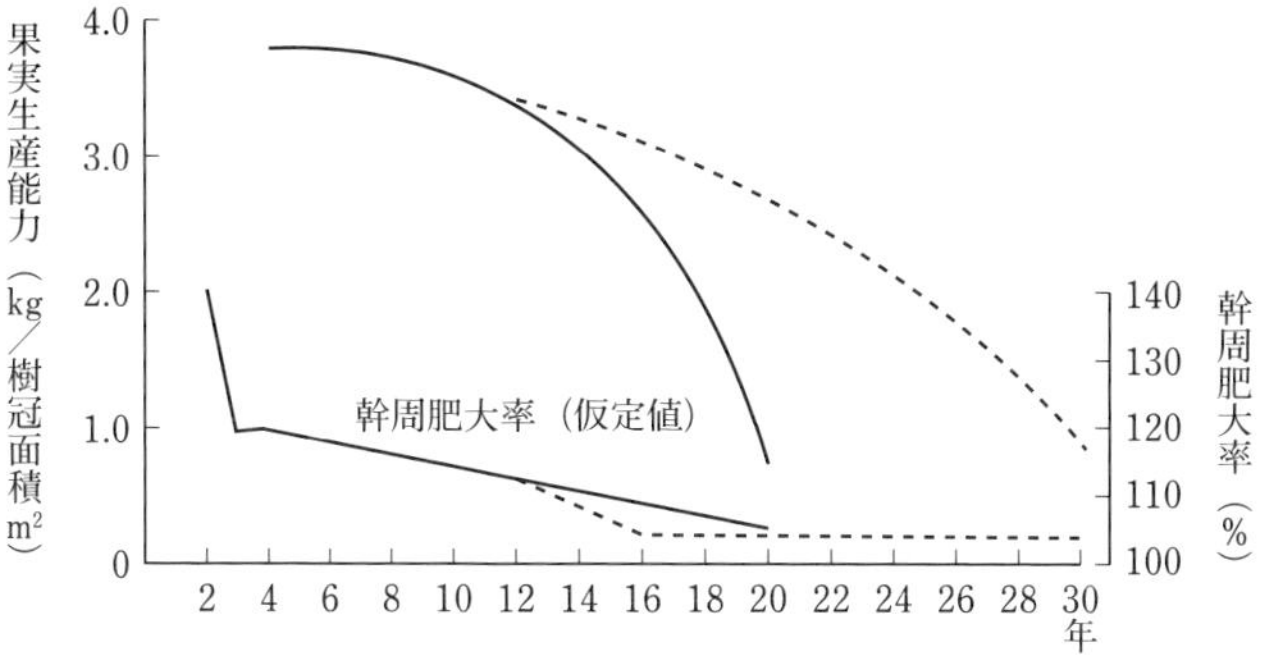

図6－3　果実生産能力の年次変化モデル

（末澤，1988）

樹齢11年生から実線と破線で幹周肥大率を変化させたばあいの2例を示した

写真6－6　深く根を張るニュージーランドではキウイは古木でも元気

改植の実際

①部分改植か一挙改植か

樹勢低下は台風や長雨などで根の障害が発生し、これに結果過多や環状剥皮などによる発根量の減少が伴って、主枝や亜主枝で日焼けや枝枯れが発生し樹冠が維持できなくなる、というケースが多い。

水田転換園であれ、傾斜園であれ、樹勢衰弱は樹体の一部や園内のある箇所の樹から進む。改植にあたっては、まずその衰弱が、園地全面に及ぶ前兆か、部分的なものであるのか判断することが前提となる（図6―4）。

	考えられる原因	左記の対策
樹冠の一部での衰弱	枝枯れ症の発生	大きなせん定痕の保護剤塗布
	枝の日焼け	日焼け部位の更新および日焼け防止剤の塗布
樹体全体，あるいは園地全体の衰弱	排水不良での根腐れ	土壌の排水対策実施（明暗渠など）
	立枯れ症の発生	土壌排水の実施？（対策未確立）
	結果過多	着果量の制限
	木部の増加（老木化）	太枝の思い切った更新
	土壌の劣化（物理性，化学性）	土壌（とくに中層域30cm前後）への有機物の計画的投入
	いや地？の発生	改植時の土壌の入れ替え？
	過度の環状剥皮による発根減少	必要最小限度の実施

図6－4　樹勢衰弱の「考えられる原因」と当面の対策　（末澤）

　園内の一部の樹の樹勢が他とどうも大きく違うので、部分改植した。しかし思ったほどの生育が得られないというときは、土壌条件、とくに排水性に問題があるばあいが多い。小型バックホーなどで排水溝を掘り、まずはその劣悪部位の土壌改良が先決である。

　しかし、園内で多発的に樹勢衰弱が観察されたら、全面改植を進めるべきである。ただこのばあいには棚が邪魔になる。客土もしにくい。できれば適地への園地替えがもっとも合理的な判断である。

②改植の際の土壌改良のポイント

　改植では、多くはトラブルを抱えた樹や枯死した樹を伐採して、そこに新しい苗木を植える。前作の株を残したままその脇に新しい苗木を植え付けがちである。しかしなぜ、その樹が枯れたか？を考えればわかるように、枯死の原因を取り除くことなしに新しい苗木を植え付けても正常には育たない。

　多くの園地では、土壌環境の悪化が樹勢低下の最初の原因となっている。棚下でも作業ができる小型機械を導入して、ていねいに根を取り除き、できれば排水のよいマサ土を入れて苗木の初期生育を旺盛にする。

③棚の更新、改修

　改植するなら棚もリフレッシュしたい。棚柱の基部が腐食していないかどうか、アンカーがしっかり固定されているかどうか、線のゆるみがないかどうかなどを確認する。

　多いのが、柱ベースの破損やアンカーの浮き上がり、控え線のゆるみなどで、棚が低くなってしまうケースである。隅柱の差し替えなどは専門業者に

写真6－7　改植の際には張線機を用いて棚控え線の締め直しも

写真6－8　ハウス用パイプでつくった簡易な棚の中支柱

依頼するが、それ以外は張線機さえあればさほど難しくない（写真6―7、商品名は「シメラー」など。インターネットで検索でき、購入もできる）。

一番簡単な棚の補修は中柱を数多く入れて、下がった棚面を突き上げることである（写真6―8）。ハウス用の一インチパイプを管理者の身長に合わせて切断し、先端に棚線をうける十字の切り込みを入れれば用意完了。棚線の十字部分にパイプを差し入れ、沈み込み防止の平たい小石をパイプの下にセットするだけである。これだけでも作業性は格段に向上する。

●改植苗木の自家育苗

どうせ改植するなら自家育苗した苗木を植えたいという人もいる。農家自ら優良品種の増殖育苗を行なうばあい、実生を育成し、台木を生育させた後に接ぎ木を行なうのが一般的である。また、樹勢の強い品種を挿し木で増やし、これに接ぎ木する方法もある。挿し木で台木を増やすばあい、樹勢の強さや細根量の多さ、挿し木のしやすさなどから、やはり「ブルーノ」などの一般の緑色品種キウイ（*A. deliciosa*）を用いるのがよい。果肉の黄色い中国系キウイ（*A. chinensis*）

写真6－9　緑枝挿しの状況

は挿し木活着率が劣る。

挿し木には、保湿した休眠枝を三月に鹿沼土などに挿す休眠枝挿しや六月～八月中旬にかけて、緑枝をミスト条件下で挿す緑枝挿し（写真6―9）があるが、ともに発根剤（オキシベロン液剤など）を処理すると比較的良好な活着率が得られる。

写真6－10　高接ぎによる更新
上から①切り接ぎ，②腹接ぎ，③主幹部への切り接ぎ

3 高接ぎ更新

●いくつかの更新方法

高接ぎによる品種更新はもっとも一般的な更新方法である。キウイは活着しやすいので、棚上の高い場所に接ぎ木するだけでなく、主幹をそのまま切断し、そこに接ぎ込む方法でも接ぎ木できる（写真6―10）。

また、株元から発生する台芽などを生かし、これに接ぎ木して生育させる方法も可能である。

香川県の農家が一般的に行なっているのは、棚上の側枝に数多く接ぎ木を行ない、活着した枝を翌年すぐに結

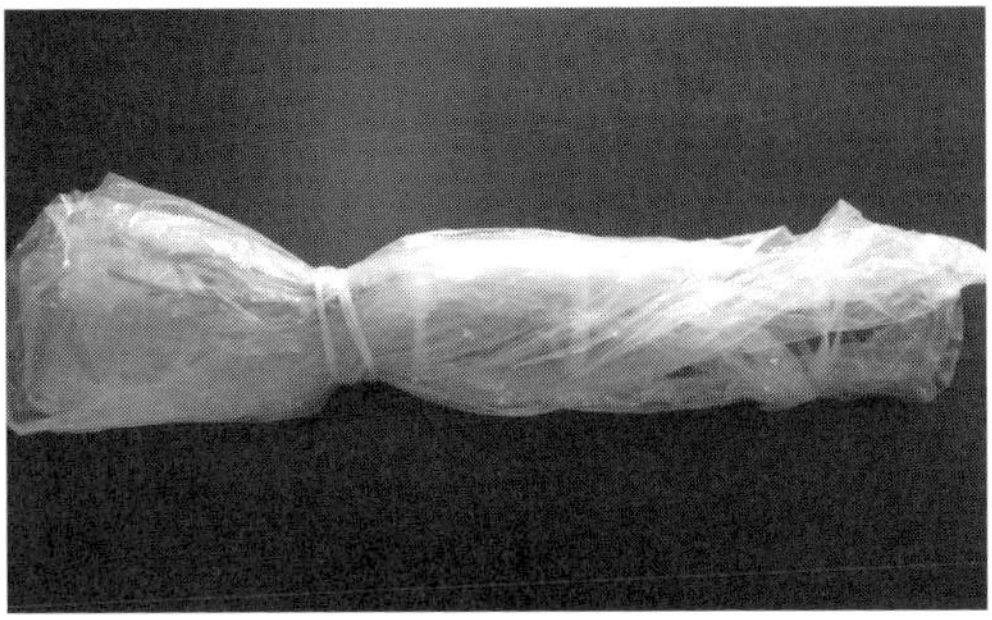

写真6－11　採取した接ぎ穂はポリ袋で保存

パラフィン処理した穂木もポリ袋で乾燥させないよう注意

写真6－12　パラフィン処理は湯煎より直火で

果母枝として利用する方法である。こうすると、未結果期間を一年だけに抑えることができる。しかも主幹や主枝近くに接いだ枝は長大になりやすいので、この枝を、主枝や亜主枝の更新枝として利用することもできる。

一方、主幹ごと樹を更新したいばあいは、主幹を短く切り、そこに直接接ぎ木するか、前述の株元から発生する台芽に接いで、元の主幹を伐採する。樹冠の回復には少し時間がかかるが主幹ごと更新されるので、樹の若返りには効果がある。またせん定時にうっかり台芽を残したりするミスもなく、せん定が簡単になる。

●接ぎ穂の準備

接ぎ穂は充実した枝を冬のせん定時に採取しておき、あらかじめロウ漬け（パラフィン処理）しておく。接ぎ穂はポリ袋にいれ、接ぎ木を行なう時期まで冷蔵庫で保存しておく（写真6―11）。

ロウ漬けの方法は一般の落葉果樹の方法と同じである。パラフィンは四〇～五〇℃の融点の低いものを利用し、これを電熱器などで八〇℃程度まで加熱し、穂木をここに瞬間浸漬してコーティングする。湯煎にするとパラフィンが厚くつきすぎ、接ぎ木の際にひび割れることがある。温度は高めにすると薄くコーティングできる（写真6―12）。

大量の接ぎ穂を用意しなくてもよいばあいは、パラフィルムやメデールフィルムなどで穂木全体を巻き、これをそのまま接ぎ木してもよい（写真6―13）。

●接ぎ木作業の実際

①時期は一月が最良

接ぎ木は、樹液が完全にストップする一月がベストである。一挙更新はぜ

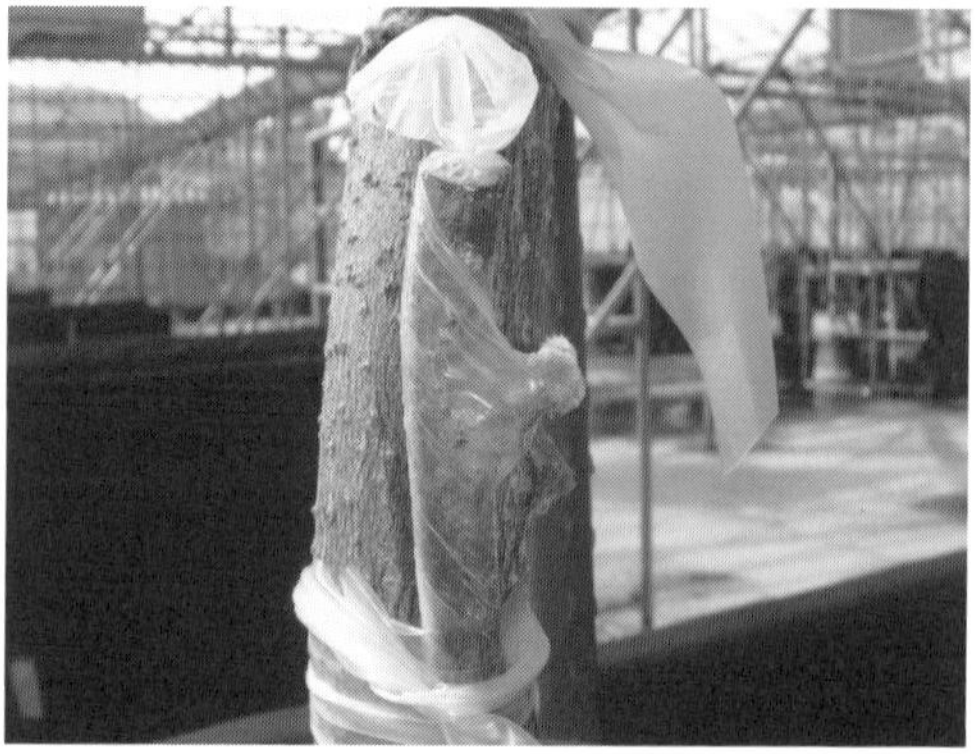

写真6－13　「パラフィルム」で被覆した穂木を接ぎ木

活着し，芽が自分でフィルムを破って発芽してきている

ひ一月に行ないたい。この時期を逃がすと、樹液が流れ出て作業が困難になるし、活着率も低下する。その後、五月に入り、葉からの蒸散量が多くなると、接ぎ木の切り込みを入れた部分からの樹液が止まるため、接ぎ木しやすくなる。しかしこの時期はある程度葉の量を残すことが条件となるため、一挙更新は困難である。

写真6－14　高接ぎ時の穂木の向きは下向きにすると誘引しやすい

②腹接ぎでも切り接ぎでも

接ぎ木は、腹接ぎ、切り接ぎとも容易である。

主枝や主幹への腹接ぎは厚い樹皮を削り、形成層までうまく切り込みを入れられれば活着は容易である。切り接ぎのばあいは形成層が見えるので、接ぎ木はさらに容易である。

腹接ぎのばあい、発芽後の新梢の誘引方向を考慮して、接ぎ穂の芽の向きを下向き、もしくは横向きにして接ぎ込む（写真6―14）。直上に発芽させると誘引しにくくなるので注意したい。

一挙更新を多数行なうときは、能率を上げるため、穂木の太さに合わせた専用のノミを一挙に接ぎ木部位に打ち込み、そこへ調整した穂木を差し込む方法をとっている農家もいる（写真6―15）。活着率はかなり落ちるが、一日の作業量が多く、能率は向上する。

●接ぎ木後の管理

接ぎ穂から発芽した新梢は、かげ落

ちしやすいので、棚線への誘引を早く行なう。また主幹に切り接ぎを行なったばあいは、必ず添え竹をする。

写真6－15　ノミを使った接ぎ木作業
精度は落ちるが，作業能率はあがる

主枝や亜主枝の更新候補枝は、更新したい枝の上側に沿わせるように伸ばす。

品種にもよるが、接ぎ穂から発芽した新梢に花芽が着生しているばあいもある。着果させると新梢の伸びが抑制されるので、見つけたら必ず摘蕾、摘花しておく。

棚上で側枝単位の一挙更新を行なうと、亜主枝や主枝が日焼けをおこすことがあるので、ホワイトペーストや石灰乳など白塗剤を塗布し、温度上昇を防ぐ（写真6—16）。

写真6－16　一挙更新を行なうときは白塗剤を塗布して，日焼けを防ぐ

腹接ぎでは、穂木が発芽してもその後の伸びが悪いことがときどきある。その原因は、接ぎ木部位より先端にある新梢が旺盛に伸びているか（頂部優勢性により下部の芽の伸長が抑えられる）、ほかの枝の日陰になっていること（日照不足）が考えられる。台芽が腹接ぎ部位より先にあるばあいは、台芽をせん除もしくは切り返し、穂木の芽の発芽を助ける。また日陰になっているばあいは、日がよくあたる枝管理を行なう。

いずれの方法でも台芽をしっかりかぎ取ることは必要で、とくに側枝単位での更新は接ぎ穂が多く、台芽を見逃しやすいので注意する。

夏以降も更新品種の枝から副梢が盛

んに発生する。副梢はせん定のときに残せる枝にできるよう可能な限り誘引して、充実を促しておく。

〈よくある失敗と思い違い〉

事例1　接ぎ穂の活着率が悪い……

考えられる原因は、接ぎ木される樹体の問題と接ぎ木の方法、接ぎ穂の問題である。

まず、台木の根が傷んでないかどうか？　また、接ぎ木部位より元の主枝や主幹に枯れ込みが入っていないかどうか確認をする。枯れ込みがあったら思い切って基部まで切り返す。

次に、接ぎ木のやり方がどうだったか？　とくに老木は樹皮が厚く、形成層まで削りだすのが容易ではない。一気に削ることはできないので、少しずつ慎重に切り出す。形成層をうまく活着させることが大事。また接ぎ穂が乾燥していると活着率が低下するので、採穂した枝はすみやかにパラフィン処理したのち、ポリ袋に密封しておくことが大事である。

事例2　接ぎ穂が伸びず、台芽ばかりが伸びる。なぜ？

台芽を多数発生させてしまうと、接ぎ穂が伸びなくなる。最初に十分かぎ取ることが重要である。うっかりして大きな台芽を残してしまったばあいも躊躇せず、せん除する。ただし主幹基部や根から発生した陰芽は、ばあいによっては一～二本は残すこともある。この芽を生育させて、次年度、主幹ごと更新することができるからである。このときは主幹候補枝として素直に棚面に誘引し、充実させるようにする。

（末澤克彦）

第7章 土壌改良と土つくり、施肥

1 キウイの根が好む土とは

●キウイの根群分布は？

表7―1は、八年生のキウイの根群分布を調査した結果である。この樹は、夏季は数日おきにかん水をしないと葉焼けが発生する園地に植栽されていた。

細根の水平分布は、主幹から一mの範囲に約七割、一～二mの間に三割、二mより遠い位置にはほとんど見られなかった。また垂直分布も、地表下一〇cm以内に全細根の九割が分布し、一〇～二〇cmの深さには一割程度と、きわめて狭く浅い範囲に細根が集中していた。

すべてのキウイ樹がこのような狭く浅い根系であるとはいえないが、少なくとも頻繁なかん水を必要とする園地については、根の分布域は狭く浅いと見てほぼ間違いないといえる。

また、愛媛県果樹試験場が行なった同じような掘り上げ調査を見ると、水田転換園で客土を一〇cm行なった樹体の根群分布は香川より深く、一〇～四〇cmに九四%の根が集中していたが（図7―1、7―2）、根の水平分布は

表7－1　キウイフルーツの細根分布状況とその割合

（大熊ら，1983）

主幹からの距離		0 ～ 1m 生体重（g）	0 ～ 1m 同比率（%）	1 ～ 2m 生体重（g）	1 ～ 2m 同比率（%）	0 ～ 2m 生体重（g）	0 ～ 2m 同比率（%）
深さ	0 ～ 10cm	1,945	62.7	869	28.0	2,814	90.8
	10 ～ 20cm	181	5.8	105	3.4	286	9.2
合　計		2,126	68.6	974	31.4	3,100	100.0

注）品種：ヘイワード，8年生1樹あたり
主幹からの距離が2m以上および深さ20cm以上の土壌中には根がほとんど見られなかった

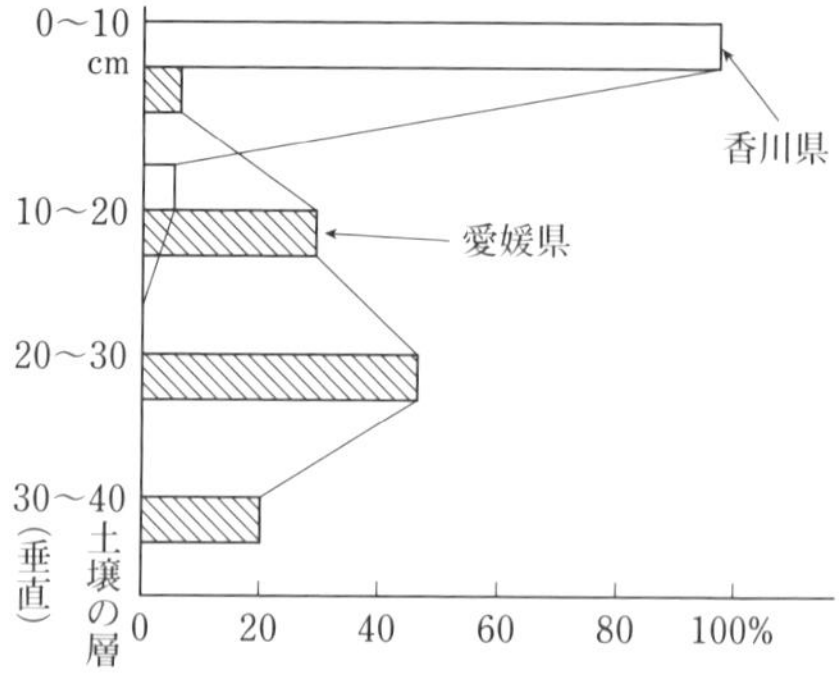

図7－1　根群の垂直分布比較
（香川農試，愛媛果試）

ほぼ同じ傾向にあり、二mを超える範囲に根はほとんど存在しない。このように、キウイの根は、土壌物理性に依存するものの狭い範囲に集中するという性質は明らかである。

しかし、ニュージーランドのキウイ主産地であるタウランガ地方は、火山灰土で水はけのよい深い土壌をもつ。このため同地で育つキウイの根は土中四mもの深さにまで達していると報告されている。

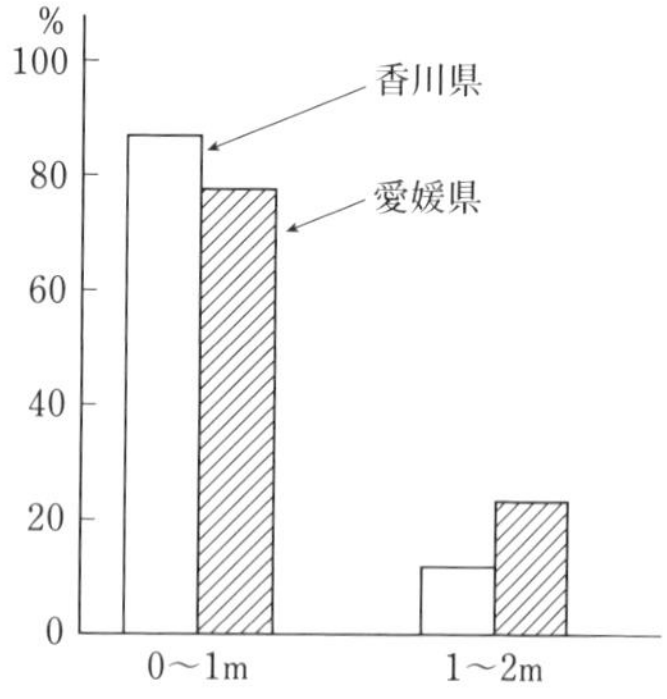

図7－2　根群の水平分布比較
（香川農試，愛媛果試）

キウイの根はきわめて耐水性が弱く、硬い土壌では伸長しにくい。しかし適切に改良された土に植えられたキウイは、ニュージーランドの例のように大きな根系を発達させることができ、ストレスへの抵抗力が強化される。高糖度果実生産のためには、通気性、排水性のよい土壌に改良する必要がある。

●排水性の向上は最優先
——とくに黄色系品種では大事

水はけの悪い園地に植えられたキウイ果実は病害発生が多く、貯蔵性が悪い。糖度も低い。収量は少ない。収穫前落果が多い。

A.chinensis に分類される黄色系品種は、いっそうその傾向が顕著に現われる。根腐れなどのストレスや早期落葉によって果肉の色は薄い緑黄色になってしまう。また貯蔵力も明らかに悪く、果実硬度の早期低下、果皮の萎凋など問題が多発する（第5章）。

こうしたことは耕土が深いニュージーランドではほとんど問題にならないかもしれないが、土が浅く、樹体へのストレスが多いわが国西南暖地の「レインボーレッド」や「ゼスプリ・ゴールド」などではトラブルが目立ってきている。

西南暖地の元ミカン地帯の土をニュージーランド主産地のような耕土の深い土に改良することは無理である。ただ、日本のキウイ優良園地は表層の作土だけではなく、深さ二〇～四〇cm程度の中下層域の土壌物理性が優れている。地下水位の変動が少なく園地は湛水しない。また孔隙率が高く、透水係数が高い土である。

同じことをくり返すが、中下層土の物理性が悪いと、根腐れなどで根量が減少し、それより浅い表層域の根が吸水や吸肥の中心となる。そのためすぐに乾燥ストレスを受けやすく、葉焼けや落葉が多くなる。植付け後でも表層の作土は改良できるが、中下層の土壌改良は容易ではない。植付け前の適地診断と徹底した土壌改良が重要である。

●排水性改善の実際

①改良の目標値

ではその土の排水性のよさは、どの程度であれば満足できるか？　香川県における土壌改良値は表7―2に示すとおりだが、粗孔隙は一八%以上、孔隙率四〇～五〇%とある。これは第6章1の②でふれたが、土砂降りでない雨なら水たまりができず、雨がやめばすぐに土壌管理できる程度の透水性と見てよい。降雨後、半日たっても水たまりがある状態は絶対に改良しなければならない土といえる。

土壌の孔隙率や透水係数は、一般的には粒径の大きな花崗岩風化土壌（以下、花崗土）を混和することで改善される。安山岩土に花崗岩風化土壌を五〇%混和すると、細根の量や活性が改善される（表7―3）。しかし、花崗土の混和も程度が過ぎると養水分の供

表7－2　香川県におけるキウイフルーツ園の土壌改良目標値

項　目		目標値
土壌物理性	固相	50 ～ 60%
	気相	20%以上
	孔隙率	40 ～ 50%
	粗孔隙	18%以上
	透水係数（表層域）	4.2×10^{-3}以上
土壌化学性	pH（H_2O）	5.5 ～ 6.5 5.0以下にはしない
	EC（収穫期）	0.10mS/cm以下
	硝酸性チッソ（収穫期）	1.0mg/100g以下
	置換性カリ （夏季） （収穫期）	 30 ～ 80mg/100g 5 ～ 40mg/100g
	置換性石灰	200 ～ 300mg/100g
	置換性苦土	30 ～ 80mg/100g
	有効態リン酸	30 ～ 80mg/100g

表7－3　花崗岩風化土壌の混入が樹体生育および細根活性に及ぼす影響

（野田ら，1993）

試験区	新梢長（cm）	新梢重（g）	細根重（g）	細根活性（μg/hr/g）
安山岩風化土壌区	64	15.5	12.8	288
50%混入区	75	22.7	31.8	307
花崗岩風化土壌区	123	29.1	20.8	300

注）1990年3月に2年生キウイフルーツ（品種：香緑）を1/2,000aワグネルポットに定植
新梢重および細根重は風乾物重量，細根活性は新鮮な細根のフォルマザン生成量

給量が不足する。とくに地力といわれる土の中の全チッソ成分や微量要素成分などの供給能力が不足するためである。

②土壌改良の実際

花崗土を客土し、バックホーなどで既存の作土と混和する。深耕は最低でも四〇～五〇cm程度の深さまで耕したい。

畑地で透水性がよい土壌であっても、硬い土をほぐす意味で可能な限り深く耕す。さらに部分的には心土まで条溝深耕を行ない、地下水がすみやかに園外に排出されるようにする。

水田転換園では、十分量の客土を行なったあと深耕し、すき床層を破壊する。その後暗渠パイプと園周囲には排水溝を設置し、可能な限りうねを高く上げる。

なお、花崗土を客土したのに作土と十分混和しなかったため、根腐れをおこしてしまうことがある。

水田の作土と花崗土とは透水係数が大きく異なる。十分混和しておかないと、梅雨時期に作土の上で滞水して、ここで根腐れが発生する。梅雨明けには根量が減少し、乾燥による葉焼けが発生する。こうなると毎日かん水をしても葉焼けがおこる。むしろ、かん水するほど根腐れが進む。

梅雨の雨が土層の途中で停滞しないよう、下層土まで連続した土壌（層）改良が必要である。

また、暗渠を埋設したのに、効果がいまひとつはっきりしないということがある。

いくら暗渠パイプを設置しても、粘土のような透水性の悪い土壌では、水が暗渠までしみ出してこない。また、雨が降ればぬかるみ、水たまりができるような土は、降った雨を暗渠までしみ出させる浸透速度が低い。

こうした粘い土壌では、暗渠を密度高く設置するとともに、暗渠の周りをモミガラや砕石で十分に囲んだり、花崗土を客土混和して、土の透水係数を上げてやることが重要である。暗渠と客土とを組み合わせる必要がある。

③地下水位を自己チェック

水はけのチェックは次のように行なう。園内でもっとも水はけが悪いと思うところに一mほどの縦穴を掘る。そこに、写真7―1のような暗渠パイプか縦横に孔を空けた塩ビ管を差し込み、周囲に土を戻しておく。目盛の付いた棒をここに差し込み、あとはその濡れた深さで地下水位を測る。

写真7－1　深さ1mほどの穴を掘り，暗渠パイプなどを差し込む
地下水位の変化を知るのに都合がよい

水田転換園では、地下水位の季節変化が大きい。とくに周辺水田が田植え後には水を張るために、地下水位は地表近くまで上昇する。六月の梅雨時期に根腐れが発生し、梅雨明けとともに乾燥被害で葉焼け、落葉するのが、季節パターンである。

自分の園地の地下水位がいまどの程度かを知ることは、水田転換園の管理の重要ポイントである。

2　施肥の考え方と施肥基準

●キウイの施肥の考え方

①園外へのもち出し＝施肥量

施肥量は、収穫された果実やせん定で切られた枝、落葉した葉など、園内からもち出された樹体各部の栄養素成分を最低限補う量が必要である。キウイフルーツのばあい、チッソ（N）でおおむね一三kg、リン酸（P）で五kg、カリ（K）で二一kg程度となる（表7―4）。

施肥でこれを補うが、土壌には緩衝能力や蓄積能力があるので、一般的には、もち出した量＝施肥量、ではない。カンキツなどの例でいえば、樹体が吸収するチッソ成分のうち施肥に由来するのは約三割で、あとは土壌中から放出される地力チッソを吸収している。しかし西南暖地のキウイ樹の「狭く浅い範囲の根域」を考えたばあい、もち出し量程度はすみやかに施肥で補うことが必要である。上記のもち出し養分量を、果実の品質と樹勢維持もよく見ながら、施すことである。ただし、速効性の肥料で狭い根域に集中して施肥すると根が濃度障害をおこす懸念もあるので注意したい。

表7－4　キウイフルーツにおける肥料成分の年間吸収量の推定（大熊ら，1986）

器官	乾物平均重 (g/m²)	年間更新率 (%)	チッソ 成分含量 (%)	チッソ 収奪成分量 (kg/10a)	リン酸 成分含量 (%)	リン酸 収奪成分量 (kg/10a)	カリ 成分含量 (%)	カリ 収奪成分量 (kg/10a)
果実	528	100	1.48	7.81	0.35	1.85	2.36	12.46
葉	314	100	1.11	3.49	0.75	2.36	2.38	7.47
1年枝	286	70	0.54	1.08	0.22	0.44	0.58	1.16
結果母枝	110	60	0.58	0.38	0.13	0.09	0.44	0.29
側枝	95	30	0.56	0.16	0.11	0.03	0.45	0.13
主枝・亜主枝	230	0	0.51	—	0.09	—	0.56	—
主幹	109	0	0.52	—	0.08	—	0.27	—
計	1,672			12.92		4.77		21.51

注）4～11年生ヘイワード7個体の平均値を示す。

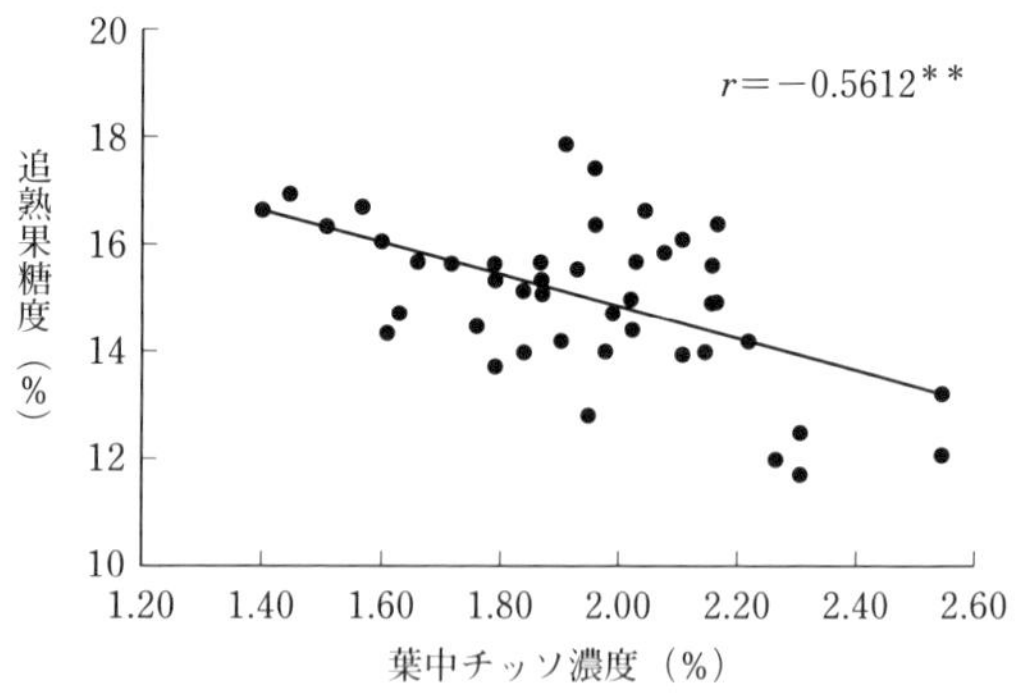

図7－3　「香緑」の収穫期における葉中チッソ濃度と追熟果糖度（野田，1999）

②樹体のチッソ条件と果実品質

樹体の栄養条件は果実品質に大きく影響を与える。図7―3に、「香緑」の収穫期における葉中チッソ濃度と追熟果糖度との関係を示した。ご覧のように、収穫期の葉中チッソ濃度が高いと、追熟果実の糖度は低下する。この傾向はほかの品種でも同様に観察されており、生育期後半（キウイのばあいは八月以降）～収穫期までの樹体内のチッソ濃度は低めに制御されることが望ましいと考えている。

③秋のチッソのぜいたく吸収を抑える施肥

キウイの発根は初夏と秋に多い。初夏に多いのは、葉面積が拡大して光合成が多くなるからだし、秋は気温が低下して光合成に適する条件となることと、果実への炭水化物集積がほぼ完了して樹体に一定程度余裕が出てきたからと思われる。着果量が少ない樹は多い樹より発根量が多く、とくに秋は長期間発根が続く（図7―4）。

秋は地温がまだ高く、乾燥を防ぐためによくかん水される。土壌が湿潤となるので有機物の分解も進み、無機態のチッソが放出されやすい。このチッソを発根したばかりの新根が「ぜいたく吸収」してしまう。樹は吸収した硝酸態チッソを光合成でつくった炭水化物と結合させてすみやかに有機化しなければならないから、樹体内部にこうしたチッソが多いほど、果実へ分配蓄積する炭水化物は減少する。結果、果実の糖度は上がりにくくなる。

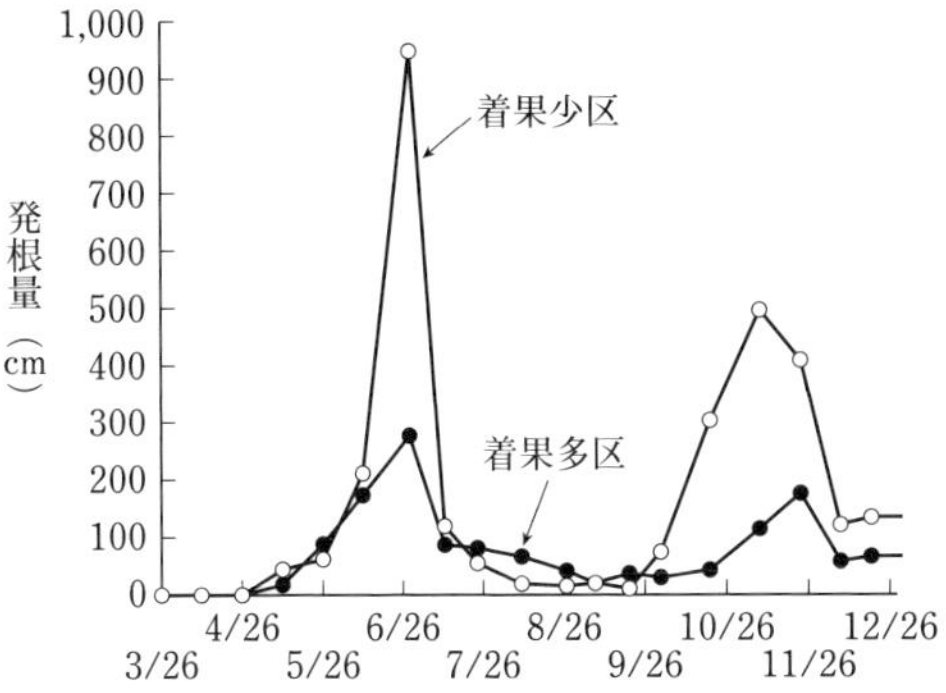

図7−4　キウイフルーツの着果量と発根の季節パターン　（蓮井ら，2006）

果実が充実する秋には、土壌や樹体のチッソレベルを下げる必要がある。逆にいえばそのための施肥設計が考えられなければならない。

④樹体栄養と果実品質

毎年安定して高品質果実を生産するには、年々変化する気象条件に対応したモニタリングが必要である。表7—5は、香緑およびヘイワードの高糖度果実生産の園地と糖度が低い園地の、葉色や葉中チッソ含量などの推移を見たものだが、品質の高い園地は全般的にチッソレベルが低く、葉色が薄い傾向がある。

われわれの調査でも、糖度が高く貯蔵性も良好な果実は、収穫前のチッソレベルが低い樹で生産されており、このようなチッソレベルの低い樹体は八月と収穫前の葉色が薄い傾向がある。

表7−5　キウイフルーツの高糖度園地と低糖度園地の葉中および葉柄中チッソ濃度

（野田ら，1992）

採取時期	園地区分	葉　中 チッソ濃度 （%）	葉柄中 チッソ濃度 （%）	葉柄中硝酸 イオン濃度 （ppm）	遊離アミノ酸 （mg/100g）	葉色 （SPAD）
夏　季	高糖度園地	1.81	0.62	517	11.2	49.1
	低糖度園地	2.19	0.82	2,480	19.1	53.5
収穫期	高糖度園地	1.74	0.62	1,179	17.2	53.4
	低糖度園地	2.19	0.86	4,105	18.7	52.3

注）品種：香緑

●施肥基準

表7—6は、香川県における樹齢別収量目標と施肥基準、表7—7は時期別施肥割合と施肥量である。

徒長しやすく、チッソ過多で品質低下をおこしやすい香緑などは、チッソ成分をやや少なめにしている。これに対し、ヘイワードは枝の伸びが香緑ほど徒長的ではないこと、また収量水準がやや多いことから、チッソ成分を多く施用している。

表7−6　香川県におけるキウイフルーツの樹齢別収量目標と施肥量（単位：kg/10a）

樹齢	香緑，讃緑				ヘイワード			
	収量目標	施肥成分量			収量目標	施肥成分量		
		チッソ	リン酸	カリ		チッソ	リン酸	カリ
1	—	5.0	5.0	5.0	—	6.0	6.0	6.0
2	250	6.0	7.0	6.0	—	8.0	8.0	8.0
3	750	8.0	9.0	8.0	400	10.0	11.0	11.0
4	1,000	10.0	11.0	10.0	1,000	12.0	14.0	13.0
5	1,500	12.0	16.0	14.0	1,500	14.0	17.0	16.0
6					2,500	17.0	20.0	19.0
成木	2,000	12.0	18.0	14.8	2,500	18.0	22.0	20.0

注）香緑，讃緑：肥沃地10樹/10a，中庸地15樹/10a植え
ヘイワード：肥沃地10〜15樹/10a，中庸地15〜20樹/10a植え
枝の伸びに応じて施肥量を加減する

表7−7　香川県におけるキウイフルーツの時期別施肥割合と施肥量

〈香緑，讃緑〉

施用時期		チッソ		リン酸		カリ	
		施肥割合（%）	施肥量（kg/10a）	施肥割合（%）	施肥量（kg/10a）	施肥割合（%）	施肥量（kg/10a）
元肥	11月	100	12.0	80	14.4	60	8.9
追肥	6月	—	—	20	3.6	40	5.9
年間施肥量		12.0		18.0		14.8	

〈ヘイワード〉

施用時期		チッソ		リン酸		カリ	
		施肥割合（%）	施肥量（kg/10a）	施肥割合（%）	施肥量（kg/10a）	施肥割合（%）	施肥量（kg/10a）
元肥	11月	100	18.0	80	17.6	70	14.0
追肥	6月	—	—	20	4.4	30	6.0
年間施肥量		18.0		22.0		20.0	

分施割合は、チッソについては生育後半の遅効きを考慮し、元肥だけ、リン酸、カリは元肥以外にも六月に追肥を行なうようにしている。

三月あるいは六月にもチッソを与える体系も以前は考えていたが、三月には十一月の施肥成分の残留量がまだ多いこと、六月については、夏の樹体内チッソレベルが上昇することによる品質の低下を考え、結局チッソ成分は元肥一本の体系となっている。

各県、各産地で気象や土壌条件が異なり、施肥基準はさまざまであるが、考え方は参考としていただきたい。

〈よくある失敗と思い違い〉

事例1　毎年糖度が低い。チッソが遅効きしているのでは？　減肥すべきかどうか……

栽培初期の若木ではチッソが多く、生育が徒長気味になる園地は多かったかもしれない。しかし若木のばあい、チッソを制限したからといって早速樹勢が落ち着くわけではない。樹冠面積の拡大、せん定の改善など総合的な対応の一環として施肥の見直しがある。

逆に老木化が進む園地では、根量の減少が進んでおり、品質低下のおもな要因がチッソ過多によるものとは考えにくい。むしろ、樹勢衰弱による光合成速度の低下や葉量の減少による光合成総量の減少など、植物の「稼ぎ」の減少が品質低下に結びついているように思われる。対策としては、計画的な土壌改良による根量の増加対策をまず考えてみる必要がある。

事例2　土つくりのために園地全体をしっかり中耕したら、樹が弱ってしまった。

キウイの根は狭く浅い部分に集中している。中耕を行なう際は、古い根の更新ではなく、根が伸びる土壌空間を広げてやることを念頭に行なうことが大事だ。

やり方としては、いまある根の周辺から外側に向かって、三年から五年程度を一サイクルとした計画的深耕が望ましい。テーラーなどで主幹の周りを耕うんするのはきわめて危険である。

くどいようだが、キウイにおける土壌環境の改善＝排水性の改善と考え、水はけのよい深い土つくりを目指すことである。

（末澤克彦）

■キウイフルーツの防除暦（例，香川県，平成 20 年）

月	旬	品種別散布時期 さぬきゴールド	品種別散布時期 香緑，讃緑，ヘイワード	対象病害虫	薬剤名および濃度	100L あたりの薬量	使用時期（収穫前日数）使用回数	10a あたり散布量
1	全							
2	上							
2	中・下	2 月中旬	2 月中旬	カイガラムシ類	石灰硫黄合剤 7 倍 展着剤	14.2L	発芽前，－	300L
3	上							
3	中							
3	下							
4	上							
4	中・下	4 月下旬	4 月下旬	花腐細菌病	カスミン液剤 400 倍 または アグレプト水和剤 1,000 倍 展着剤	250mL 100g	90 日，4 回 90 日，4 回	400L
5	上	開花前	開花前	花腐細菌病	ホクコーマイシン水和剤 1,000 倍 展着剤	100g	90 日，4 回	300L
5	中	品種による収穫時期の違いを考え，収穫前日数に注意して各薬剤を散布すること						
5	下	5 月下旬		果実軟腐病	アリエッティ水和剤 600 倍 展着剤	166g	幼果期（120 日），2 回	400L
6	上	6 月上旬	6 月上旬	クワシロカイガラムシ 果実軟腐病	(劇) スプラサイド水和剤 1,500 倍 アリエッティ水和剤 600 倍 展着剤	66g 166g	60 日，3 回 幼果期（120 日），2 回	400L
6	中							
6	下	－	6 月下旬	キイロマイコガ 果実軟腐病	(魚) アディオン乳剤 3,000 倍 アリエッティ水和剤 600 倍 展着剤	33mL 166g	7 日，5 回 幼果期（120 日），2 回	400L
6	下	6 月下旬	－	キイロマイコガ	(魚) アディオン乳剤 3,000 倍 展着剤	33mL	7 日，5 回	400L

注意事項

○切り口にはトップジン M ペースト（せん定整枝時，病患部削り取り直後，および病枝切除後，3 回以内）を塗布する。
○2 月以降のせん定は切り口から樹液が激しく出て樹勢が弱まる。
○バークストリッパー等による粗皮削りは果実軟腐病とカイガラムシ類の防除に有効である。
○花腐細菌病が多発する園では，4 月上旬（新梢長が 10cm 以下）にカスミンボルドー 1,000 倍（発芽後叢生期〈新梢長約 10cm〉まで，4 回）にクレフノン 200 倍を加用して散布する。
○落弁期に雨が多いばあいには，灰色かび病が発生しやすいので，ロブラール水和剤 1,500 倍（開花期～落花期，4 回）を散布する。
○果実軟腐病防除は，果実にたっぷり散布する。主幹部にも十分に散布する。
○クワシロカイガラムシを対象に（劇）スプラサイド水和剤で防除を実施しているところでは，コウモリガの発生が少ない。
○アリエッティ水和剤はさぬきゴールドでは，収穫前日数（収穫 120 日前）をとくに注意する。5 月下旬と 6 月上旬の 2 回とする。
○梅雨期に雨の多い場合は，果実軟腐病にトップジン M 水和剤（前日，5 回）1,000 倍で追加防除する。
○スプラサイド水和剤はさぬきゴール

7	上	7月上中旬	7月上中旬	クワシロカイガラムシ	(劇) スプラサイド水和剤 1,500倍 展着剤	66g	60日, 3回	400L	
	中								
	下								
8	上								
	中								
	下	8月下旬 から 9月上旬	8月下旬 から 9月上旬	カメムシ類 キイロマイコガ 果実軟腐病 灰色かび病	(魚) アディオン乳剤 2,000倍	50mL	7日, 5回	400L	
9	上				(魚) フロンサイドSC 2,000倍 展着剤	50mL	30日, 1回		
	中								
	下								
10	上	収穫前 (除袋後)	−	果実軟腐病 (果実軟腐症) 貯蔵病害 (灰色かび病)	ロブラール水和剤 1,500倍 展着剤	66g	前日, 4回	400L	
	中								
	下	−	収穫前 (除袋後)	果実軟腐病 (果実軟腐症) 貯蔵病害 (灰色かび病)	ロブラール水和剤 1,500倍 展着剤	66g	前日, 4回	400L	
11	上								
	中								
	下								
12	上	冬期	冬期	カイガラムシ類	マシン油乳剤 (95%) 14倍	7.1L	−, −	300L	
	中								
	下	果実軟腐病対策のためにはせん定くず, 枯れ枝, 果梗等は, 必ず園外に持ち出し処分する							

ドでは, 収穫前日数 (収穫60日前) にとくに注意する。

○カメムシ類が発生したばあいは香緑, 讃緑, ヘイワードには (劇) ディプテレックス乳剤1,000倍 (60日, 4回) を7月中旬に散布する。

○(魚) フロンサイドSCはさぬきゴールドでは, 収穫前日数 (収穫30日前) にとくに注意する。

○(魚) フロンサイドSCはかぶれに注意し, 散布後7日間は入園を避ける。また, 周辺のレタス, キュウリ等に飛散させない。

○秋に雨が多く, 果実軟腐病の多発が予想される場合は, 防除暦どおり収穫前にロブラール水和剤を2回散布をする。

○ロブラール水和剤を散布したばあい, 散布後24時間は収穫できない。

○除草剤

(1) ハービー液剤 (30日〈雑草生育期:草丈30cm以下〉, 3回)

①時期　雑草生育期

②方法　畑地多年草雑草散布
薬量750mL,
水量100L/10a

○元肥, 堆肥は中耕時にすき込む。

＊使用時期, 使用回数欄は使用基準である。例:(14日, 4回)→(収穫14日前まで, 使用回数4回以内)

＊香粋は「キウイフルーツ」ではなく, 「サルナシ」に分類されるため, この防除暦を適用しないこと。
カスミン液剤とカスミンボルドーは合わせて4回以内の使用回数である。アグレプト水和剤とホクコーマイシン水和剤は合わせて4回以内 (樹幹注入は1回以内) の使用回数である。

＊農薬散布の際には, 近接圃場の栽培作物, 学校などの公共施設や住宅地に農薬が飛散しないよう細心の注意を払いましょう。防除履歴を必ず記帳しましょう。

＊記載した農薬登録内容は平成20年1月28日現在のものです。それ以降に登録内容が変更される場合がありますので, 農水省のホームページ (http://www.maff.go.jp/nouyaku/) 等で最新の登録内容が掲載されています。農薬を使用する際には, ラベルに記載されている使用基準等を確認しましょう。